為什麼我們不欠父母?!

不談義務，[illegible]是責任，[illegible]們依然可以選擇好好愛父母

Warum wir unseren Eltern nichts Schulden by Barbara Bleisch

芭芭拉・布萊許——著

譯——彭意梅

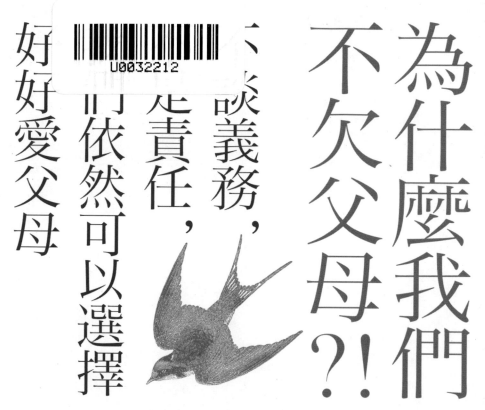

導讀

以哲學精神閱讀，在思考中成長

冀劍制

孩子有欠父母什麼嗎？應該對父母盡什麼義務嗎？本書明確回答：「沒有。」

看到這裡，許多人要大發雷霆了。這簡直就是倒行逆施、違背社會孝道倫常的一本邪書嘛！或者，說不定有人看了很開心，「太棒了，我解脫了，不用再理會我那討人厭的父母了。」

無論是上述哪一種人，都誤解了哲學理論該有的意義。一本哲學書可以帶給大眾的最主要價值並不在於它做了什麼主張，因為不管什麼主張，都可以找到反面的哲學理論。所以，當有人引用某哲學家的結論來支持自己的想法時，其實沒啥意義，因為，一定也存在著反對的哲學家。

例如，有人反對「善意的謊言」，於是說，「大哲學家康德不贊成善意的謊言，所以，不要以為這樣做沒關係。」但事實上，支持善意謊言的大哲學家多的是，那麼，究竟誰對？比名氣嗎？還是比數量？這就更遠離哲學智慧了。

科學提供解答，哲學提供思考

哲學不同於科學，科學的主要價值在於提供解答，但哲學的主要價值不在於解答，而是想法。就像作者一開始就引用羅素對哲學的說明：「哲學雖然不能有十足把握告訴我們問題的正確答案，但是可以提供許多思考途徑，拓展視野，讓我們從習慣的桎梏中解脫出來。」

所以，如果真的想引用哲學理論，應該引用其理由來提昇自己的說服力，而不是直接訴諸結論。也就是說，即使讀者最後被這本書說服了，也不適合引用作者的結論到處張揚，但可以引用其理由來支持自己的主張。但心中仍必須開放一個可討論的空間，因為無論多麼偉大的哲學家，都有可能陷入某種尚未發現的盲點而不自知。

但是，無論支持或反對，只要願意跟著作者的思路走一遭，至少能讓我們對這些問題有更多與更深的省思。到了最後，即使不接受這完整的觀點，仍或多或少，心中會醞釀出不同的想法，到此也就獲得了思想上的成長。

所以，閱讀前無須預設支持或是反對的立場，將之當作一場思維的饗宴。無論原本支持或是反對，都以哲學的批判精神閱讀，認同合理之處，質疑不夠合理的推論，讓理性裁定最後的結果。

感覺一定錯的事情，是否也值得深思？

如果你一時之間還是無法接受作者這種論調，情緒上完全排斥這種主張。那麼，請好好想一想，歷史上很多觀念的改變，在一開始的時候，也都被認為倒行逆施，甚至預言社會將從此大亂。但到了最後，卻融入文化，成為堅定不移的日常信念。就像男女平等的思想革命、廢除帝制的社會衝擊，以及台灣在八〇年代開放黨禁與報禁，以及廢除集會遊行法時，許多人也一樣難以接受，認為將造成社會動亂。但是，走過那段歲月，發現全民民主素養提昇了，願意捍衛他人集會抗爭的言論自由，並且認為這是一段本來就該走的道路。

如果我們不曾好好思考過一件事情，而且心中已有定見，那麼，更該好好去思考它。即使定見仍舊不變，也會發現這些事情，在深思過後，變得不一樣了。這種成長，是啟發智慧的必經之路。所以，深度與理性的思考永遠都是有益的，無論話題如何聳動。

記得在台大哲學系就讀時，系學會辦了一場辯論會。這個辯論會不是競賽，純粹只是找個有趣的問題，以辯論的方式來探索。不評分也不定勝負。辯論規則雖然也區分申論與質詢，但相對更有彈性，也更多自由，由主持者視情況裁定一切。然而，題目卻非常聳動：「人應該自殺」。這不是強調自己可以決定生死的「人可以自殺」，而是主張每個人都該趕快去死一死的「人應該自殺」。而我當時是正方。

辯論開始前，由於我方桌上插著一把（塑膠）關公刀，有個同學開玩笑說：「萬一你們贏了，是不是就立刻自殺呢？」我也開玩笑回應，「不！萬一我們贏了！所有人應該立刻自殺，你也要一起才行！所以趕快祈禱反方獲勝吧！」不過，這種擔心是多餘的，因為不是比賽也就沒有所謂的勝負。而且更重要的，哲學思考並不提供最終解答，而是提供一個反思。

就算有勝負，不管誰勝誰敗，都不是最重要的，因為，在哲學討論中，即使獲得勝利也不代表就是真理，有可能只是敗方思考不夠深入，或是勝方詭辯能力較強。在進一步思考後，說不定會發現勝方的盲點，並且逆轉結局。

但不管如何，在這一場思維饗宴中，所有參與者都經歷了一段過去可能從未碰觸的思考，並從中獲得成長。例如，在任何一個時刻裡，如果我們真的可以做選擇，而且決定不自殺，那麼，理由是什麼？因為活著很快樂？（不快樂時怎麼辦？）因為有很多事情未完成？（什麼事這麼重要？）還是因為生命有著重要的意義？（什麼意義？）如果都不是，那堅持活下去的意義究竟是什麼？

如果你從來不曾想過這個聳動的問題，就該想一想，這有助於活出更有意義的人生。

同樣的，無論目前正在扮演子女或父母的角色，如果不曾想過子女究竟欠父母什麼的問題，只是一味的跟隨傳統價值觀，在沒有合理理由的支持下，把現有觀念視為理所當然。那就跟隨此書作者好好想想。無論結論如何，都不用倉促做出任何重大決定，因為任何想法都可能有盲點，給自己一段時間沉澱思維，並且與人討論，分享想法，在更深入了解問題後，內心會越清澈，並且更能明確掌握未來方向。

哲學必須精確閱讀

讀哲學還有一項很重要的注意事項，就是必須精確閱讀。人們在日常生活中習慣於籠統理解他人言論，因而容易導致誤解。舉例來說，我常跟朋友說：「名利對我的吸引力不大。」有一次，有個朋友很不以為然的說：「我才不相信名利對你沒有作用。」將「不大」扭曲成「沒有」雖然很離譜，但社會上這種稻草人式的批評卻很常見，也常讓人不想回應。

而且，由於哲學理論經常會提出有別於大眾習慣性思考的觀點，在輕率閱讀下更容易造成誤解。例如，作者一開頭便說，「子女沒有欠父母什麼，對父母沒有任何義務」。有些讀者看到這裡馬上會理解成「子女不用管父母死活」，或是「子女不需要孝順父母」，甚至更離譜的，「作者認為孝順不是好事」、「作者鼓勵大家不要孝順父母」。

有了這樣的解讀，自然將之視為異端邪說。但是，以上說法都是誤解。作者當然不會反對孝順父母，而且也認同「知恩圖報是個至上美德」。但問題在於，「如果某人因為某些理由，甚至沒有好理由，沒有達到父母認同的孝順標準，是否該被譴責？」問題核心在於，「親子的血緣關係本身是否就構成了義務？」以及，「即使父母對子女有所幫助，是否也必然構成義務？」

孝順是美德還是義務？

思考這類問題，首先必須區別「美德」與「義務」的差異。例如，捐錢給慈善機構是個美德，是個值得鼓勵的事情，但並非義務。所以，當某些人不願意捐錢時，我們不能強迫他們，也不該譴責他們。

當一位長者搭上滿是乘客的公車時，讓座是美德，應被讚揚。但沒人需要被迫讓座，也沒有任何不讓座者該受到譴責。當然，無故占用博愛座者是例外。

那麼，孝順是個美德還是義務？是否不能單從親子的血緣關係來思考，而需要考慮父母如何對待小孩，以及其動機，在什麼情況下才會產生義務呢？作者從好幾個角度出發思考這個問題，像是父母花錢養小孩是否會製造出小孩回報的義務？小孩感恩父母的心是否會轉變成為一種義務？親子之間的朋友關係，是否也同時造成朋友間的義務？

義務從何處而來？

作者認為光靠親子的血緣關係無法產生義務。人類（尤其東方）社會或許把血緣關係過度神聖化，某些國家的法律甚至判決某些未獲得父母好好撫養甚至早已斷絕關係多年的子女，仍然要撫養其年老的父母。但這合理嗎？

然而，如果父母花了很多心血和金錢養育子女長大成人，難道子女不該對父母有任何義務嗎？作者認為，這些無法自動轉變成義務。舉例來說，西方許多經濟狀況較好的人會贊助某些弱勢族群小孩的就學學費，但他們所期待的回報，就是讓他們知道被贊助人有好好唸書，沒有浪費他們的付出。在這種情況下，如果父母也是一樣的心思，那就沒有任何義務。因為，只要符合期待，就已經是一種回報。

但是，等到自己有能力時，難道不該報恩嗎？這裡就又回到美德與義務的差異，「知恩圖報」是個美德，是應該被鼓勵的行為，但是，那並不是一個義務。如果贊助人後來看到被贊助者成了大富豪，並且向他索取報酬時，被贊助者是否有義務要給呢？若依據作者的觀點來看，答案將會是「沒有」。當然，這裡或許會有爭議，是個值得進一步思考的問題。

在類似問題上，作者其實並不反對某些親子關係會產生義務。例如，如果小孩真的感受到恩惠，產生了感恩的動機，那麼，就自然會形成感恩的義務。所以，作者說，「對那些明顯有美好童年的孩子而言，感恩的義務可能自始至終都存在。」

但是，就算有義務，要用什麼方式來回報則是另一個問題。回報的方式，應該依照子女的量力而為，還是依照父母的期待呢？這個問題，就請讀者進入書裡，欣賞作者精采的分析吧！

什麼樣的孝道文化更好？

一件事情是否是一個「義務」，其實相當程度是一種人為創造的文化。在目前我們所處的文化裡，無論父母是否稱職，大多認同子女對父母具有各種義務。甚至法律也這樣訂。但是，作者想要從哲學的合理性角度挑戰這一點，並且提出這種文化的不適當之處。當然，凡事都有利有弊，我們可以試著思考看看，如果整體文化真的把單純因親子血緣關係所形成的孝道，當作一種自願的美德，而非被迫的義務時，是否會締造一個更好的社會？還是會導致一個更糟的局面？

當我們跟隨作者，重新反思傳統觀念的合理性，便較容易找出一個更符合現代社會、以及更適合自己的做法。當然，作者也認同這些都是有爭議的問題。所以他以提出一個「哲學理論」的態度寫下這本書，希望讓人能從一個不同的角度思考。如果讀者還是不同意，自然可以試著思考反面的更好理由，並且在任一觀點上提出挑戰。但無論如何，在這個理性思考介入的過程裡，內心將會越來越澄明，越了解該用什麼樣的態度，面對各種親子間的爭議問題。

（本文作者為華梵大學哲學系教授）

獻給我的父母

人生最大的冒險不是談戀愛，而是出生。

——吉爾伯特．基思．切斯特頓（Gilbert Keith Chesterton）

解放源自拉丁文emancipare：

原指一個成年兒子或是奴隸脫離父權控制進而獨立的意思。

——二〇一七年版杜登辭典

沒有人是孤島。

——約翰．多恩（John Donne）

目錄

序言

哲學雖然不能有十足把握告訴我們問題的正確答案，但是可以提供許多思考途徑，拓展視野，讓我們從習慣的桎梏中解脫出來。

——伯特蘭・羅素（Bertrand Russell）

所有人都有家庭，但是家庭關係肯定不是一直輕鬆如意。最近有個朋友告訴我，他跟父母之間的關係有很多難處。他不是第一個，也絕對不是我聽到的最後一個。我朋友和他太太兩人樂在工作，工作量很大。這段時間以來，父母就責怪他沒給孩子一個規律的日常作息，尤其強調孩子與母親分離並不好受，因為她太常不在家。除此之外，我朋友的母親不能明白，為什麼現代女性一定要擁有一切。

朋友厭煩經常被冷嘲熱諷，曾考慮很長一段時間不再去父母家，但是又不願意父母看不見孫子，當然他的父母親對他來說也很重要。由於他再也無法忍受父母的評論，加上前往他們住的城市非常耗時間，所以他決定不參加父親的八十歲大壽。他的父母十分難過，姊姊對他嚴厲譴責：無論如何他們總是父母，八十歲生日不是隨便一個生日。我朋友心中產生了罪惡感：當然他的姊姊有理，父母的地位特殊，他也知道兒女出席這場盛宴對父母有多重要，也因為他父親開始出現失智的早期症狀，母親期待在這個特別的晚上能得到兒女協助。

整件事很磨人。但是擁有一個家庭應該很美好啊！朋友問自己：姊姊有權指責他嗎？是不是自己心腸太硬，因為他一開始只想到自己？身為人子不是應該照顧父母嗎？

我跟他家很熟，也常常見到他的父母，他們很友善並且樂於助人。有時候他們對教育和男女平權的想法可能有點過時，但是我從來不覺得他們有惡意。然而我認為他們批評兒子的生活方式是錯的。可是從另外一方面來說：我朋友對待父母不是大不敬嗎？特別是身為兒子的他，在他們生命中如此重要的時刻，例如在一場慶祝高壽的壽宴上，置他們於不顧。

到處是這樣以及類似的故事。我周遭許多人為工作羈絆，有些人或在國外工作，或擁有需要投注大量時間的嗜好，或者交遊廣闊。大部分的人成人後，跟伴侶和小孩建立自己的家庭，伴侶和小孩也會有需求。單看時間因素，與自己父母來往就常常會擦槍走火。這絕對不是兩代之間唯一的問題。本書就是要探討這個。

所有的人都問自己：我欠父母什麼？我應該更常探望父母，還是至少定期打電話給他們？我沒跟父親說，他發表在地方報紙上說教式的讀者投書讓人很難堪。這樣為他著想是錯的嗎？還是應有的禮貌限度？早已成年的孩子必須尊重母親不想要照護的願望，眼睜睜看著她在老年越來越邋遢？孩子要傾聽父母的政治觀點，即使那些觀點很糟？孩子可以跟父母說，邀他們一起度假很好，但是他們寧願自己去度假？孩子可以在父母過世幾年後，把遺留下來的老衣櫥放到拍賣網站上嗎？身為子女，我們到底欠父母什麼？單單因為我們是某人的孩子，就已經是對這些人擔負責任和義務的理由嗎？

這本書將追根究柢這些問題，研究孩子在成年後是否必須要特別照顧自己的父母，只因為自己是他們的孩子。這個問題固然讓人不舒服。光是提出這個問題，聽起來就是忘恩負義，好像在討論是否真的應該給服務生小費，討論之時已經透露出對服務的不滿。一般而言，父母在對孩子的「職務」上做了大量投資。是的，沒有他們，根本就不會有孩子。但是，提問我們到底要對父母負擔什麼責任，這表現不必是不知感恩，更不是要與他們斷絕關係。

當然沒錯，通常只有出現問題時，我們才會開始問自己在私人關係中應該承擔的責任與義務。剛陷入熱戀的情人比較不會問該為彼此做什麼，而是從對方嘴唇上讀出願望。閨密與好哥兒們也很少問彼此有什麼應盡義務；如果他們不斷重複提問，這大多是個跡象，表示他們對彼此關係不是百分之百確定。德國哲學家盧迪格・彼特納（Rüdiger Bittner）因此把義務和權利稱為關係中的「干擾概念」：關係一旦不和諧，我們首先會想到道德用的語言，譬如我們覺得遭到遺棄的時候，或是被對方行為激怒的時候。我們對父母到底擔負哪些責任的問題，很有可能就已經涉及這種干擾。人際關係，尤其是家庭關係，並不是好天氣時舉辦的聚會。家庭裡的爭端與家庭幸福同樣都屬於家庭生活日常。我們所有人遲早會面對家庭生活中艱難的一面，所以無論如何都值得去探討家庭肩負什麼樣的道德責任。

當然，我們也可能認為自己跟父母的關係完美無瑕，儘管如此仍然會問，自己是否應該給予父母更多關懷，是否太常麻煩他們照顧孫子，是否應該在起衝突時表現得更忠誠。釐清家庭成員彼此是否負有應盡的責任，並不代表問題裡面一定有潛伏的炸彈。它同樣可以顯示出，自己想盡力瞭解家庭對自己到底有什麼要求。因為一般而言，絕大多數的人最終都想要在道德層面上正直地過生活，確實知道自己盡了責任，沒有疏忽任何人。

可是正好在家裡，我們很容易會面對不同的期待，來自父母、自己和第三者的期待。有時候我們想，我們做事不可以隨心所欲，同時又很生氣，因為覺得對方的要求太過份。在這種兩難情況下，我們很希望能擺脫罪惡感，以輕鬆的態度反擊指責。我們真的是別人眼中邋遢的兒子和沒用的女兒嗎？如果我們擅自做父母不樂見的事，有必要對自己嚴加撻伐嗎？別人對我們行為所反應出來的不滿，有時候可能在提示我們犯了道德上的過錯，應該修正行為。我們自己的罪惡感也有類似的作用：像一種「內化的憤怒」[1]，能勸告自己守紀律，它會發出信號，讓我們知道自己已經越界到錯誤的一邊。然而罪惡感（或是沒有罪惡感）並不一定是最可靠的夥伴，尤其到最後要判斷我們是否要做出正確且適當行為，以及如何做的時候。只因為我們內心或是別人心中反抗，並不表示我們真的做錯了什麼，只是表示我們必須先詢問和思考，心中的憤怒是否有根據。如果找不到理由，或許根本也就不存在任何義務。探詢我們的道德責任，也就是不斷地質疑熟悉的傳統，並進一步深究它的基礎，因為我們面對的要求，或是我們對別人的要求，都是根據這個基礎提出來的。

這本書追根究柢，針對孩子應該對父母盡什麼義務，提出一個明確的答案，答案就是：什麼義務也沒有。但是大部分的人從完全相反的立場出發，認為只要某人是我爸爸或是我媽媽，就足以讓我以特別的方式承擔道德上的責任。我要證明，這種形式的義務不正確。當然這也不表示我們可以隨意對待父母。因為我們必須尊重所有人，所以也必須尊重母親和父親，而且要把尊重這件事與父母之間的關係質量分開來看。我們不可以故意傷害人、利用人，或是讓人感到羞愧，就算在家裡非常容易辦到：因為一方面我們大都很瞭解對方的脾氣，知道他們的弱點。另一方面，對絕大多數人而言，跟父母或是孩子維持完好的關係很重要，也願意做出對等的讓步。

然而最基本的道德原則是，除非不得已，否則不能互相傷害，例如自衛。這項規定當然也適用於家庭關係。所以本書不主張將自己的父母塞進療養院，忽略他們，無情地漠視他們的需要和關心之事。本書是一項呼籲，直視家庭關係的核心：從很多面向來看，家庭是一個既重要又很特殊的相互關係，可以為我們帶來無與倫比的價值。

但從某一方面來看，家庭關係也沒有什麼特別的：除了我們對所有人應盡的責任之外，家庭關係並不會帶來額外的特殊責任。有可能，有些孩子和父母互相承諾具體的職務或協助，也因此必須遵守許下的諾言。或者他們像親密的朋友，基於友誼而對彼此懷有合理的期望。如果只是因為特定的人是他的父母，孩子並不欠父母什麼。這本書的命題以及我們要銘記在心的中心概念是：**子女義務不存在**，沒有單單因為我們是某人的女兒或兒子而必須負擔的義務。

有一點很清楚：就像孩子沒有請求賜予生命，他們也沒有請求賜予跟父母的關係。每個人都有家庭；只有朋友是可以挑選的。所以嚴格說來，親屬間具有親合力的說法會誤導。親屬首先是指那些絕對無法選擇，出於偶然而強加在身上的人。這最終跟自己要擔負的責任以及先前所做出的自由決定沒有多少關聯，然而許多國家的法律判決不僅經常，而且特別是一輩子會追溯到家庭。一如幾年前德國所做的「狠心爸爸判決」[2]顯示，就算父母多年前已跟子女斷絕聯絡，成年子女還是會被要求，為需要看護的父母負擔生活費用。相關規定從整體社會的考量來看或許有它的理由，但是從道德觀點來看，不是全然無替代方案，也不必然合理。隨著人口結構變化和需要看護人口的增加，這種措施的爭論在未來可能會越演越烈。

這本書的命題主張子女義務不存在，也就是說，我們對父母沒有什麼特殊責任，因為他們是我們的父母。相對的，很多人從完全不同的想法出發。有些人在這裡想到舊約聖經中的第五誡，教導人們要尊敬父母。[3] 相關網路論壇裡也有被遺棄的父母心酸地控訴忘恩負義的孩子，與他們毫無緣由中斷了聯繫。這一切反映出一個根深柢固的觀念：孩子虧欠父母很多。相關調查顯示：幾乎沒有孩子能夠很輕易地斷絕關係；對他們來說，跟父母維持良好關係是理所當然。[4] 就連一生受父母折磨的孩子當中，也會有人用近乎荒謬的方式去滿足父母的要求。想想卡夫卡那篇著名的《給父親的信》（*Brief an den Vater*），裡面描寫父親做過令他難以忍受的殘酷行為，他卻還是承認：「但我還是要不斷求你，請你別忘記，我絲毫不曾相信是你的錯。」[5]

為什麼我們一直傾向於捍衛父母？原因也許在於，我們永遠不能完全放棄與父母的關係。父母就是屬於我們，不論我們願不願意。就算他們摒棄我們，我們依然是他們的孩子，就算不願意再見到他們，他們依然是我們的父母。朋友可以漸行漸遠，情人可以分手，我們雖然也可以與原生家庭形同陌路，還是無法完全切斷這條臍帶。無論彼此的生活差距有多遠，不管我們覺得雙方的觀點有多討人厭，沒錯，不論我們多能翻臉吵架，「直到死亡將我們分開」，我們都還是兒子和女兒，當我們有了孩子，我們就是父親或母親。家庭沒有下註解的空間，因此它一直有股「事實的異味」（Beigeschmack von Wahrheit）。[6]

這個「事實」的來由是我們沒有選擇親屬的機會，而我們在這項事實裡，總是會以特殊的方式受到傷害，「異味」因此而產生。容易受到傷害是每個親密關係裡的黑暗面：當我們付出愛與信任，也會受到失望、剝削和損失的打擊。正因為關係可能變調，所以總帶著一些冒險成分，這項風險在大部分情況下可以規避，只要我們打從一開始就不要投入感情並拒絕親密關係。因為害怕受傷害就抗拒關係，這是否真的是圓滿的生活形式？完全撇開這個問題不談，因為在家庭關係中不存在這種自由。我們都是以某人的新生兒開始我們的生命。如同漢娜．鄂蘭（Hannah Arendt）所稱，「出生」[7]將我們連結在一起，所以我們也別無選擇，只有接受家庭關係中易受傷害的面向，並且盡可能謹慎地處理。堅持要孩子完成的要求，不僅對孩子，也對父母無益。反之，只有在自由沒有約束的情況下與父母來往，孩子才會重新發現家庭在許多方面蘊藏的寶藏。這本書也在探討讓家庭變得特別有價值的寶藏與財富。

但我要強調，這本書不是心理諮商，而是**哲學上的研究**，換句話說，本書試圖不要盲目地跟從成見，而是要質疑它，並督促自己思考。人們受到家庭深遠的影響，影響擴及整個生活方式。在治療意義上，哲學可以施以多大程度的援手，好讓我們更有效地處理尚未癒合的傷口與失望？這一點在哲學領域內還爭論不休。從蘇格拉底、維根斯坦和美國哲學家史丹利・卡維爾（Stanley Cavell）出發，把哲學的治療能力視為生活藝術，在最近又再度廣受重視。哲學不僅具有撫慰人心和療癒的面向，它還具有困惑人的特性，不斷提出更多追根究柢的問題。更糟的是：面對這許多問題，哲學甚至沒有把握可以告訴我們正確答案究竟是什麼，英國哲學家伯特蘭．羅素也這麼承認。但是對羅素來說，哲學有能力做到其他也許更重要的事，也就是提供我們「許多思考途徑，拓展視野，讓我們從習慣的桎梏中解脫出來」。[8] 哲學在這層意義上一直很極端，因為它不承認我們習以為常之事，**因為**那是我們熟悉的東西。哲學更在意去探究某些信念的理由和辯證，藉此開拓我們的視野。只有當我們把視野拓展到自己和他人身上時，彼此才會產生新的瞭解。也許這樣，才會讓和平重回到家庭，就像卡夫卡在《給父親的一封信》裡的期望。[9]

我在書裡以批判的眼光和沒有預設結果的態度，一直朝著想要瞭解這個複雜關係的方式探究自己的家庭，這麼做坦白說挺奢侈的。在比較貧窮，沒有我們習慣的健全社會福利制度的國家，在災難地區，或是逃難時，家庭往往是唯一可依靠的地方。在這種情況下不可能去質疑家庭關係，或者質疑後有可能帶來戲劇性的後果。也許因為我們身處在富足中，有時候會忘了，當日常生活的物質受限，又沒有保險為我們應急時，家庭有多麼可貴。

但是我的書也從另一個印象出發，也就是我們會太快反問：「不然我們要家庭做什麼？」卻沒有考慮到，我們「擁有」的家庭是否也願意滿足別人對它的期望。從這層意義上來看，我的書帶著一份希望：仔細檢驗過子女為什麼欠父母什麼的種種可能，我們或許可以更自由、更無束縛地面對彼此。因為我們便會知道責任在哪裡，自由空間有多大。愛與關懷不希望被人硬性規定，它們應該是發自內心的禮物。討論我們可以對彼此有什麼期待，就是愛與關懷的第一步。

債務

首先為你自己祈求健康，再來是幸福，第三，祈求一顆愉悅的心，以及最後，不要成為別人的債務人。

——敘拉古的費雷蒙（PHILEMON VON SYRAKUS）

拉拔孩子長大不是一件容易的事。況且，當父母的在感情上和物質上都是一項「所費不貲」的工作。現今有很多配偶從企圖懷孕起就開始這項工作，實際懷孕期間也是，它帶來極大的幸福感，也會帶來各式各樣的痛苦。孩子一旦到來，接著是許多人陶陶然的讚嘆，過不了多久卻是無眠的夜和小孩在懷中斷喊，然後是面對倔強不講理的孩子，試圖跟青春期半大不小的孩子溝通卻徒勞無功，這些孩子經常需要父母，卻又拒父母於千里之外。

除此之外，父母的角色也讓成年人對以前的生活習慣產生疑問，或是乾脆全部打亂，像是他們的飲食習慣和休閒活動，他們的居家布置，職場計畫和度假目的地選擇。身為父母，他們突然鑽進一個全新的角色裡，把到目前為止的重要考量徹底攪亂。哲學家迪特．透梅（Dieter Thomä）大約是這樣描述：做為「執業父親」他是「聽取告解的神父、司機、理髮師、廚師、護理師、載貨騾子、老師、籌辦旅遊的人、心靈導師、洗衣工人、提供住宿的人，以及其他多重身分」[1]。就算自己的孩子可以讓人開懷大笑，可以帶來窩心的幸福，很多父母也說，父母的角色甚至是賦予生命意義最重要的泉源之一，但不容置疑的是，當父母也非常耗費精力。此外，養兒育女還會讓荷包大失血：視計算的基準和國家而定，在歐洲，將一個孩子撫養到成年平均要花父母二十萬到七十萬歐元，數目相當可觀，用這筆錢，我們完全可以負擔不少豪華享受，在全新的工作領域重新出發，休長假，環遊世界，或是買一棟自己的房子。有些夫妻為了孩子，甚至需要依靠社會救濟或貸款。鑑於父母付出如此龐大的代價，成年孩子該對父母有所回報，至少讓負債有點平衡，這不是很容易理解嗎？

這種想法不僅普遍，也有很長的哲學傳統。亞里斯多德那個時代，普遍流行最晚生的孩子在成年時體貼地照顧父母，亞里斯多德把它理解為還債，[2]而湯瑪斯・阿奎那（Thomas von Aquin）將尊敬父母這條戒律詮釋為償還接受到的禮物。[3]因為父母在教養孩子的時候明顯已經預付了很多代價，所以對孩子來說，以成年的時間點做為分期償還的開始，似乎再合理不過。在這樣的理解下，成年孩子對父母負有一個義務，這個義務類似於債務人對債權人所負的義務：他們應該償還所有得自於父母的利益，以及父母本來可以運用在自己身上的好處。父母就是沒有這樣做，反而把好處用來悉心照顧後代，餵食，培養和拉拔長大。父母現在期望後代有所回報，看起來絕對不是放肆妄為。他們就是有權要求孩子，在他們有能力的時候償還虧欠的債務。

出發點很清楚：孩子在童年獲得了好處，所以虧欠父母很多。不論這個想法第一眼看起來有多明白，但我不相信親子之間可以是債務人和債權人的關係，因為這個想法有很多問題。**第一點**，債務人和債權人的比喻本身會誤解。一旦債務人清償了債務，例如還了錢，那他和債權人之間的帳目就「結清了」；債務被償清，債權人就不能對債務人提出其他要求。償還債務的概念正式結束義務，回復平衡狀態。然而這很顯然不能信服地呈現出孩子對父母應盡的義務。如果子女義務真的可以成立的話，一定也不會著眼於讓孩子償還了足夠的財物，義務就可以輕易地解除。父母不會當著孩子的面前計算，他們是不是再來拜訪三次，或是再為他們買一張大眾交通工具的年票，這樣才付清了孩子以前欠下的債。[4]根本不是如此。會提醒孩子積欠債務的父母，比較會相信孩子欠他們的債一輩子都還不完。如果債務人永遠沒有機會償清貸款，那麼債權人和債務人的關係很荒謬。另一方面，這樣的想像很殘酷：父母把孩子帶到這世界，孩子卻從一開始就負債！這讓人想起原罪的形而上學，我們可不想以此做為家庭關係的準繩。

但是如果假設，孩子有能力償還債務，並且在某個時候結清和父母的帳。這時會出現**第二個問題**，也就是，享受服務後的付款內容並不明確。一對父母可能期待孩子每星期打電話問候，另一對父母希望孩子能按時拜訪，第三對父母想住在孩子家，第四對父母希望能更常看見孫子，或是最起碼能抱到孫子。

很顯然，子女的義務在這樣的想像中完全不確定：該用什麼財富來償還子女從父母身上以照料和教育形式得到的「貸款」呢？用錢？情感上的關注？維持關係？日常生活中的協助？債權人和債務人關係通常在**交易前**就已經確定要交換的財物，以避免出現這種問題：例如我向女友借錢做生意，並且約定分幾期，以多少利息償還貸款。這種方式在親子關係中當然行不通，因為缺少了所謂償還債務所約定好的貨幣。

然而，有時候我們縱然知道付出後得到的回報可能會有形式的不同，而且一開始也不知道自己的付出該如何被償還，但我們還是付出。在大部分情況下，我們並不會太在意。假設我姊姊的乾爹願意負擔她在美國大學的學業。她想在美國讀大學，可是我的父母沒有錢可以資助她實現願望。我姊姊相對欠乾爹什麼呢？當然是利用獎學金努力完成什麼。不論她是否學到完美的英語，然後在國內的一家銀行謀得一份好工作，因為她有國外的經驗，並且掌握一門外語；或者她在美國的畢業成績很好，因而在大學裡得到一份工作，這都難以預測，並且也不是約定的內容。如果乾爹後來發現，我姊姊不久就擱置學業，只把獎學金用來在美國過好日子，他當然會很失望。換句話說：我們對合理的「還款」完全有轉圜餘地，但是這個情況並不會改變我們必須償還些什麼的義務。這個轉圜餘地甚至很普遍，只要不是金錢的債務，或是物品和服務的交換，而是人與人互相幫忙時提供的恩惠或協助。如果乾爹對獎學金的回報不是期待我姊姊好好努力用這筆資助去達成什麼成就，而是想要得到獎學金花費的確實款項，那乾爹不是贈送獎學金，而是給我姊姊一筆貸款，並且約定了還款期限和利息。[5] 這意謂著：成年孩子該用什麼來償還欠父母的債，這個答案不明確，因此有轉圜空間，但絕對不表示他們不虧欠父母。

然而還有**第三個**，也許是最明顯的問題。如果我們把子女和父母的關係理解為類似債務人和債權人關係，問題就是缺少協議。如果乾爹和乾女兒約定，他希望她用企圖心和爭取成績的衝勁來回報他的獎學金，那他也有權期待相對的表現。因為乾女兒向乾爹請求資助，或者她和乾爹約定時至少知道接受了什麼條件。但是子女既沒有請求賜予生命，也沒有請求給予教育和照顧。他們只是無助的嬰兒，必須依賴父母的照料和付出。基於這個理由（至少所謂唯意志論的觀念說明了這個理由）不存在任何義務，要回報收到的禮物。當然，如果成年子女請求父母給予財務支持，情況就不同了，例如他們無法負擔賦稅，或缺少蓋房子的基金。在這種情形下，他們請求父母給予一筆貸款，而父母有自由提出這筆貸款的條件，並在延遲還款的時候提醒孩子遵守。但是做為父母的孩子來到世上，並在他們的窩巢裡成長，並不是有意識地決定以後要為此負債。

第四點，只因為他們是某人子女就欠父母的債，這種想法也不能成立，因為世上也有完全沒盡到教育責任的父母。不僅沒有保護和照顧孩子，很可惜的是，父母親也會忽略、貶抑或折磨孩子，如果主張這些孩子以後欠虐待者的債，看起來真的很不妥。但是債權人不會因為他們的行為不檢而喪失要求償還欠債的權力。假如我跟一位老同學借錢，我就應該按期償還欠錢，就算我得知，我同學向別人透露我的財務困境，甚至在背後取笑我，我還是要付清債務。雖然我不用尊敬債權人的行為，是的，我甚至有全世界的權力去批評他，並和他保持距離。但是我財務上的欠債和他沒品的行為不相干；我還是得償還債務。

然而，面對虐待孩子的父母，我們正好有相反的感覺。惡意或是麻木不仁的父母完全可能喪失資格，所以不能把他們的要求建立在孩子的「借貸」上。我們可以把彼得・懷斯（Peter Weiss）在《向父母道別》（*Abschied von den Eltern*）中描述的童年當作典型例子。第一人稱的敘述者受到父母殘忍的對待，以至於他對父母有任何虧欠的主張怎麼都說不過去：「我母親坐在旁邊拷問我，而我什麼都不會。豬是pig，pig來自picken（啄食），pick，pick，pick，然後她抓住我的脖子，把我的鼻子壓在生字簿上，pick，pick，pick，這樣你應該記得住了吧。我記住了。有時候我能吶喊著衝出夢境，醒來仍然可以感覺到母親的手抓在我的脖子上，感覺到母親的手打在我的臉頰上，聽到她急促的聲音，看見她的食指從我身旁指向琴鍵，告訴我那個我找不到的正確音，而她也找不到，她的手指也敲錯鍵，不和諧的聲調至今仍在我耳中尖銳地作響。」[6]我們真的應該主張，這樣的孩子虧欠他們父母什麼嗎？應該不會吧。

現在偶爾會用這樣的解釋來替父母脫罪：「那時候的教育就是這樣。」例如奧地利導演米歇爾·哈內克（Michael Haneke）的片子《白色緞帶》（Das weiße Band）就是描述第一次世界大戰前一般德國人的童年，當時子女必須對父母用敬稱，而且「父母的權力」（elterliche Gewalt）是照字面上的意義理解

（Gewalt也有「暴力」的意思）。這部影片顯示，當時的威權時代如何受到嚴苛的道德引領，根據這個道德要求，小孩最重要的是被管教，並且滿足父母的期待。如果要堅持子女義務的話，由於它植基於父母為教育所付出的心力，那麼父母也有權要求孩子償還他們所付出的一切。因為他們也是按照當時被視為優良的，或至少是「正常的」教育標準完成了他們的任務，雖然在某些時候，這種教育也含括了拳打腳踢和蔑視孩子獨立自主的跡象。但是，他們也許「只是出於好意」。

就像有戰爭史，英雄史或殖民地史，我們也有童年史，介紹兒童在不同時期和社會裡所具有的地位與價值。[7]現代童年史的關鍵是哲學家盧梭。[8]在一七六二年的重要教育著作《愛彌兒》或被稱為《關於教育》一書出版之前，童年幾乎沒有自己的價值。在西方社會裡，孩子的本質被視為愚蠢，不成熟，他們必須盡快長大成人，以便儘速脫離「不健全」狀態。他們較不像主體，而是偏向客體。隨著年紀增長，他們甚至成為有用的物品，被當成服從的勞動力，或是透過巧妙婚配成為保障權力的工具。盧梭的《愛彌兒》昭告了一個時代的轉捩點，人們發現童年是一個寶貴，而且值得保護的生命階段。盧梭認為教育是一種防護傘，在它的庇蔭下，兒童可以不受干擾地發展，遠離父母和大家庭決定自己生命目的的命運，並且有權要求幸福。但還是經過了很長一段時間，盧梭的理念才真正貫徹到實際的教育原則裡。直到二十世紀中期，我們的社會仍有許多孩子接受所謂「高壓教育」長大。這種教育主要在威嚇孩子，使之成為家庭以及將來社會中服從的一員。如今我們批評曾經用這種和類似方法教養孩子的父母，並否定他們要求孩子回報他們養育之恩的權利，這樣不會太過分嗎？

我堅信：不會。過錯不會因為指出其他人也都犯同樣的錯就一筆勾銷。用詞稍微尖銳一點，一個奴隸受到的不公平，不會因為有其他奴隸存在就少一點；不管是否只有他一個人受到虐待，或是因為時代精神的關係，也有其他人受到虐待，無論如何，他的自由被剝削，尊嚴被踐踏。如果受害者知道自己並不是唯一有此遭遇的人，他對自己的苦難可能會有不同的評價；如果我們必須相信，施暴者因為受到主流價值影響，所以沒有意識到自己的錯，我們的評判有可能會溫和一點。但這不表示可以原諒犯下的錯。但是無論如何，要求被父母虐待的孩子接受他們對父母有所虧欠，絕對不合情理。

換這個角度來看，很明顯的，兒童因父母的辛勞所欠下的債，只有在以下的情況下存在（如果它們真的存在！）：當父母充分良好地完成教育任務的時候。這無非又表示，我們把子女的義務跟父母的教育和照顧**品質**相互掛勾，所以**不單是**父母餵養與拉拔子女長大就具備了充分理由。這意味著：成年子女至少不會因為父母照顧他們就有子女應盡的義務。因為我在序言裡把這些義務當成**所有**孩子對待父母的規範，唯一根據在於他們是子女。如果把義務存在和享受到的教育品質畫上依存關係，這項標準顯然已不充分。

必須承認，結論已經顯而易見：子女義務存在的標準選得太狹隘。因為一直會有孩子受到殘酷的父母虐待，以至於他們絕對不會虧欠父母。所以，是不是要把有狠心父母的家庭當成規則裡的例外比較有意義呢？規則是，至少在初步認定之下（*prima facie*），子女對父母都有一定的義務？很顯然，針對某些規範我們容許這樣的例外，例如我們不可以彼此傷害；但是如果有人威脅到我們的身體和性命，當然可以以自衛之名，試著讓這個人不傷害到我們。人一定會因為自己的錯誤行為而喪失權利。這點是不是也可以適用於成年子女：只有父母行為尚屬正當合理時，他們才必須負擔義務？也許可以。但是，建議將子女義務和教育品質牽上關係，以檢視加諸在孩子身上的債務，說服力仍然不充分：債權人不會因為債務人對取得的貸款不再滿意而失去他的權利主張。如果雙方來往的是金錢款項，這點起碼是無庸置疑的。但是如果我們拿出其他例子分析，其中的債務是由獲得的勞務產生，那我們必須承認，情況又不一樣了。如果看完牙醫後，發現填充物不夠緊實，牙疼比以前還嚴重，我不會支付帳單，甚至會要求損害賠償。如此看來我不再有債務或只有部分債務，因為我沒有得到付款後應有的東西。當父母充分做好了教育工作，子女欠父母的債才存在，如此看來似乎也沒有錯。

但是這個想法讓我們遇到新難題，也就是，父母執行教養義務的評價可能會有極大的差距。再者，有可能正是在提出子女義務問題的時候，評價才會明顯分歧。如同我在導論中所寫的，只有當親密關係運轉不靈，在誰該如何協助誰的問題上意見明顯相左的時候，才會出現這個問題。所以，當我們把子女虧欠父母的問題跟教育工作的品質拉上關係時，我們幾乎不會有進展。因為當父母提醒子女欠他們，或是失望子女不再關心他們時，他們正是深信自己把父母的工作做得非常完美；然而，子女轉身離去，也許正是因為抱持著不同的看法。有時候正是因為對過去的評價不同（父母：「我一直在為你操心。」子女：「你總是干涉我。」）成了誰欠誰問題的導火線。

此外，還有**第五點**，讓我覺得孩子成年後對父母有所虧欠的觀念是錯誤的。主張對某人明確想餽贈的東西負有債務，這觀念我怎麼看都是錯的，更何況從關係一開始就一直有回報。許多父母陳述，養孩子雖然辛勞，但是讓生命充滿喜樂，因為孩子一方面滿足了他們延續生命和看到下一代成長的願望，另一方面也因為孩子帶給他們愛與認同。父母的角色（至少在西方社會裡）大都是自願選擇承擔，而且常常是靠一些努力爭取得來，正是因為父母看到孩子帶來了各式各樣的贈禮。[9] 基於這個理由，改革教育家瑪麗亞·蒙特梭利甚至認為父母才對孩子有所虧欠。因為有他們，父母的生命才得到一個全新、有價值的面向。[10] 姑且不論人們對這個關係到自己童年或是父母角色的想法有什麼感覺，我覺得在人與人之間，尤其是在彼此喜歡並且想要維持良好關係的人之間，債務這個專業術語不合適，甚至可能有害。不管一個團體中的哪些人虧欠其他哪些人，負債的想法已經對一個真正相親相愛的關係造成阻礙。

因為如果我們經常覺得虧欠人，在一起的生活最後會變成要做工償還的總額，一起擁有的東西會區分成債務人和債權人之間的階級式關係。這不表示私下秉公處理就會破壞關係。在序言裡我已經講過，為什麼我不是這個想法的追隨者，而是認為，釐清公平正義的問題甚至可以減輕關係中的負擔，因為權責會清楚分配。愛裡面也會出現公平正義的問題，但是跟主張關係的基礎只在於盡可能要完全償還的債完全是兩件事。

相反的，愛原本的目的不是別的，只是希望人們在沒有負擔的情況下相遇。想想羅曼蒂克的愛情故事，例如好萊塢的浪漫電影《麻雀變鳳凰》：只有當這位小姐不再虧欠銀行投資理財家以後，而他開始追求她，就像她曾經對他有意思一樣，這部電影裡的情侶才真正開始幸福。父母和子女當然不是情侶，但是也適用同樣的原則：想要擁有美滿的關係，首先不能把對方看成欠債者，而是當成自由人，彼此大方地互愛互信，也容許拒絕對方。因為沒有人會想一直負債。如果把子女對父母的關係設計成為負債關係，孩子必定被迫保持距離，想辦法逃離這個困境。未結清的債務雖然能把兩個人綁在一起，但是會在情感上畫下巨大的鴻溝。

為什麼孩子欠父母的觀念始終歷久不衰呢？也許一方面因為相對的主張（孩子什麼也不欠父母！）聽起來就是忘恩負義。父母的確為子女做了很多事，對，甚至賜予生命。如果孩子成年後站在那裡，堅稱這全是父母自己決定要把後代帶到這個世界上或是領養他，這不是很自私嗎？孩子既沒有請求賜予生命，也沒有要求給予教育，所以他們也不欠父母？也許孩子這種想法真的很自私。如果真的可以，只能從中推出這個結論：孩子應該感謝父母，在他們還是無助的嬰兒和不能獨立自主的孩子時照顧他們。感恩跟虧欠是有些不同的。因此我將在下一章探討，子女是否必須感恩。例如我們可以督促彼此心懷感恩，但是不能強迫，因為感恩之心始終含有內心對某人的向心力。可以低聲埋怨地清償債務，但不可以低聲埋怨地表達感謝。

另外，成年子女欠父母的觀念之所以那麼牢不可破，也是因為這樣的構想從社會政策的角度來看可行。我們已經提過，過去幾十年來的社會狀況引發人們特別去省思這種義務，因為社會「老化」和獨居情形越來越嚴重，誰要來為因此產生的需求負責？也就是說，誰來負擔相關服務的財務支出。在極小型的世代合約框架下，把下一代當成一種形式的養老金很容易理解。很多法律判決也因此讓成年子女負擔物質上的扶養義務，例如替需要照顧的父母分擔看護費用。[11]

如此來規範養老金，從社會政策來看可能是明智的，也許也最有效。但是從道德層面來看合不合理，卻是完全不同的問題。例如貧窮的子女如果還要為一貧如洗的父母負擔看護費，也許在父母過世後還要還債，子女將永遠無法脫離貧困。被父母毆打和虐待的孩子還要負擔父母的喪葬費，而膝下無子的人需要照料的時候，則面臨無人為他們承擔的危險。社會不應該受這種程度的偶發事件左右，所以許多西方國家早已建立了社會福利制度，保障所有人在年老時有權利得到照料和有尊嚴的葬禮。然而，在我們健全的社會福利國家裡仍然有法律規定，子女至少要負擔一部分的父母看護費用，或者也要為父母的破產負責。

例如幾年前，德國聯邦最高法院的判決掀起廣泛討論，新聞用「狠心的爸爸」為題，我在前面曾稍微提過：二〇一四年二月，德國聯邦最高法院讓一位公職人員分擔大約九千歐元的療養院費用，他父親住在這家療養院裡直到去世。之前這個兒子曾經透過訴訟反抗由國家規定的扶養義務，因為在他十八歲時，父親就已經與他斷絕了聯絡，兒子不斷試圖維持關係與重建關係，都遭到父親拒絕。除此之外，父親也在遺囑中剝奪了他的繼承權。為什麼身為兒子的他，還要為無信用的父親負擔看護費用？地方高等法院判兒子勝訴，並解除付款義務，但是聯邦最高法院終審的判決卻不一樣，判決理由是：雖然父親斷了家庭關係，但是在最早的十八年裡，他還是照顧過這個兒子。就連剝奪兒子的繼承權也不會讓父親喪失要求供養的權利，他不過是運用了親自處分財產的權利。聯邦法院判決，兒子必須履行扶養義務並分擔看護費用，理由正是因為兒子在童年時得到父親的照顧，這正是他現在虧欠父親的。[12]

法律規定當然沒有必要用主張道德責任來解釋原因，很多其他標準也都可以在制定法律時扮演上一個角色。這個「狠心爸爸的判決」也可以用國家效益的標準，或是整體社會的正義考量來辯解。反過來也可以理解，子女對父母雖然負有特殊義務，但是相關規範不應該轉變為司法判決。因為不是所有我們認為不道德的作為都可以，並且也應該用法律規範制裁。例如讓我們想一下廣為人認同的想法，有婚外情，或是事後不懺悔是不對的，但是制定相關法律會讓人覺得很奇怪（更不用說法條適用的困難度）。因此法律上對於國家要求成年子女負責是否合法的討論，必須跟道德問題——子女義務的理由到底有沒有讓人心服口服——分開，而只有後者才是本書的討論重點。

雖然從法律規定中不能導出道德規範，但是法律規範中卻常常凝聚了深刻的社會期待。在我看來，子女是否欠父母的問題正屬於這種情況。面對這樣的期待或傳統，我們必須不斷檢驗他們的基本假設，並嚴格地追根究柢。如果把主流意見一成不變地詮釋為恆久適用的道德規範，那麼我們現在還會把離婚禁令，含有種族歧視的法律，或是歧視同性戀當成是正確的。從過去到現在，只有在一個條件下可以繼續批評相關傳統和法律：將我們的道德判斷獨立於人們不假思索就相信，並藉著傳統之名不想放棄的東西之外。這個過程會不斷重複，永遠也不會結束，有時候我們會針對某個問題長期爭論，什麼才是正確的道德立場。例如從道德上來看，可以把人猿用做實驗嗎？女性可以當代理孕母，為其他夫妻生孩子嗎？失智病人可以要求安樂死嗎？也可以為我們的問題說：雖然很多立法以父母曾經為子女付出為由，認為子女虧欠父母，要求他們為年老的父母付款。可以也在道德上找出好理由嗎？與此相關的直覺合理嗎？孩子必須償還小時候從父母從身上獲得的大筆財物嗎？

我試著表示，為什麼我不相信。生孩子不是為了養老，既不是財務上，也不是感情上的原因。雖然孩子常常是年老時唯一的朋友，但是這還不應該是把孩子帶到這世界的理由。孩子不是父母的債務人。當然，面對父母，孩子有應盡的義務，因為父母也是我們要尊敬、以人道精神面對的人。所以，我們對父母應盡的義務很明顯也是我們所有人彼此互相應盡的義務：我們不可以傷害彼此（除非是自衛），而且應該在急難時互相施以援手。同樣的，我們不能偷父母的東西，也不能欺騙他們，父親心臟病發作時應該要叫救護車。這都是理所當然的事，但不是我們想探討的，如果這一章探討的是子女是否對父母有應盡的責任。我們更想要找到一個問題的答案：除了任何一種關係中所有可以想到的普遍道德規範之外，子女對父母是否還有應盡的責任？在標準的意義上，也就是在道德價值、法律和義務的基礎上，還有什麼特別的東西把我們和父母綁在一起？對這種義務而言，債務絕對不是令人信服的基礎。

感恩的心

我整個人的一切都要感謝我的母親。生命中所有的成就都歸功於從她那裡得到的道德，智力和身體上的教育。

——喬治·華盛頓

期待兒女感恩圖報的父母（甚至也有父母這麼要求）就像放高利貸的人，只要能得到利息，他們樂於賭上本錢。

——卡夫卡

上一章已經說明，債權人與債務人不能合理描述家庭關係。雖然父母通常為子女做了許多，但是子女在出生的時候並沒有同意任何一種撫養合約，承諾成年時要償還他們獲得的照顧。我們都是被某人生出來的，這項單純事實不該讓我們負債，在成年後償還。

就算我們不必還給父母什麼的主張是正確的，我們就能完全置身事外了嗎？難道不該感謝父母為我們所做的一切？養孩子，就像先前所說的，絕對不是免費的。我指的不只是財務上鋪天蓋地的支出，父母原可把花在教養孩子的錢，投資在幾趟世界旅行或是自己的房子上。我要特別指出，除了財務投資之外，父母職還是感情、社會和體力上耗費心力的工作，對許多配偶來說挑戰很大：嬰兒可以成為不讓人睡覺的酷刑，倔強的小小孩也可能喚起意想不到的暴力傾向，青少年則不斷讓父母瀕臨崩潰邊緣。這些挑戰與稍早的時代比較，可能有過之而無不及。因為，一直還影響二十世紀下半期的「傳統家庭典型」是伴隨著嚴格的分工合作而來的，但是現在越來越多人試圖家庭與職場兼顧，讓身體好幾頭燒，並且長期對自己的孩子、伴侶和老闆良心不安。早期的父母也照顧孩子，供應吃穿，施以教育。生病的時候悉心照料，悲傷的時候給予安慰。很多女性為了孩子完全放棄了獨立生活和職業成就。有人年復一年撫養照顧我們，做了很多犧牲，對他們表示一些感激不是理所當然嗎？

當然。一般說來，感恩的心是至上美德。如果跟隨羅馬哲學家西塞羅的想法，感恩不僅是至高，還是所有美德之母。因為感恩的人通常體現出一種處世態度，例如感恩讓他們更容易謙卑、公正、大方，這些都是我們在別人身上所珍視和覺得有益的特性與美德。所以我們總是及早教會孩子表達謝意，甚至是孩子學會的第一個道德規則：孩子必須為收到的禮物乖乖地道謝，也要感謝在沙坑的玩伴願意分享他的鏟土機。「謝謝」一詞雖然非常簡短，卻能引發驚人的效果：一個謝字讓人忘卻了為別人付出的辛勞，也緩和了被我們苛求之人的心情。巧克力品牌「謝謝」（Merci）的聰明廣告業者深知箇中道理，用溫馨的影片宣傳，有時候可以用一個感恩行動給人驚喜，感謝他們為我們付出。

感恩的心就像世界通用的人際潤滑劑。先撇開這個不談，從個人角度來看，感恩也是一種很好的態度。根據正面心理學的研究指出，感恩的人通常是比較知足的人。這不意外，因為他們覺得自己的遭遇是送給自己的禮物，不會把從天而降的幸運當成理所當然。因此感恩的人心態平和，比較不會沮喪，也不容易感受到壓力，他們擁有豐富的資源可以克服生活中的難題。[1] 面對同一種情境，感恩的人的和沒有感恩傾向的人會有不同的反應：感恩的人看到裝水的杯子是半滿，不是半空的，而且在命運的安排裡面一直能找到幸福的理由。在這層意義下，哲學家培根說了這句俏皮話：「不是幸福的人會感恩，而是感恩的人才會幸福。」在很多時候，感恩是一件很美好的事，所以我們也許可以理直氣壯地說：我們應該感謝我們的父母。

「應該」一詞之所以出現，唯一的裡由是偶爾表達謝意會讓生活更順暢幸福。所以，帶著感恩的心看世界與周遭的人，會給自己帶來利益。但是我在這裡要找的是一個**道德**上的「應該」：一個命令，奠基在一個義務上，而不是在考慮什麼東西最終會讓我們幸福。換句話說，我們找的「應該」其實是「必須」，有強迫性質，可以被要求執行。因為這本書想探索孩子到底有沒有欠父母什麼，這種可能存在的義務也許就是感恩的義務。子女應該以義務為出發點感恩父母嗎？他們**必須**表達感恩嗎？如果子女沒有感恩的表示，父母有權做出激烈的反應嗎？孩子必須以強烈的方式對父母表達感恩嗎？反過來問，世上有不知感恩，道德行為不佳的子女嗎？姑且不論他們已經犯了一個錯誤，因為他們可能比感恩的孩子還要不幸福。

為了替這些問題提出解答，首先要釐清，孩子到底**為了什麼**應該要盡感恩父母的義務，也就是說，什麼是孩子必須表達感恩的對象。先說一個顯而易見的答案：為了生命本身，我們整個存在畢竟是由父母的意志決定的，他們把我們（按字面上的意義）帶來這個世界。如果父親母親沒有生下我們，或是母親中斷懷胎，我們不會存在，也沒有機會享受生命中的美好。

演員娜塔莉・波曼（Natalie Portman）二〇一一年獲得奧斯卡最佳女主角獎，她在典禮致詞裡一字一句感謝父母賜給她生命，讓她有機會感受到這美好的一刻。[2]我們當然不知道波曼致詞時腦中在想什麼。她有可能被這個美妙時刻感動，所以用感謝生命來表示她有多高興能站在台上，得到這麼重要的獎項，過她眼中美好平順的生活。如此理解下的感恩之心，不是為了某個具體事物而針對某個特定者，而是一種充滿心中的感覺。在這層關係下，我們談的是所謂**命題式的感恩**，這種感恩關乎外在情況，基本上不是由某個人創造出來，而是「從天上掉下來」的。例如我很感恩出生在一個富裕安全的國家，也很感恩我的孩子健康，有一份我熱愛的工作。也可以感恩癌症抹片結果一切正常，婚禮那天沒下雨，或是火車遲到，雖然睡過頭還是趕上了火車。這類感恩的心可以像暖流一樣充溢我們的心，或是讓自己大大鬆一口氣：「一切都太完美了，好險，又過了一個難關。」例如看到災區的照片，想像自己也有可能在這種地方出生，只消看一眼自己的童年，很多人就能瞭解這種感恩時刻。有些人會因為這樣的想像而感謝命運或是感謝神，但是這種感恩比較不明確，近於謙卑，但是不虧欠任何人，除非有人相信人格化的神，並且直接將自己的幸運歸功於這個神。[3] 一般而言，父母對所謂幸運時刻幾乎或甚至沒有貢獻，所以我們也不必為此頌揚他們。

波曼在致詞中很有可能想要感謝一個更高的力量，而不是她的父母。也許她真的想要表示，自己的存在要特別**具體**感謝父母。如果她的感受是如此，那是所謂的**介詞性的感恩**：對一份禮物，或是對某人的善行表達的感恩。[4] 這種意義下的感恩一直是個三角關係：一個收到東西而心存感恩的人，一個贈送東西的人，和那個東西。例如我一直很感謝我父母灌輸我一個觀念，問候別人的時候要起身，這是一個禮貌規矩，讓我從小就很受用，因為大人覺得這樣的小孩彬彬有禮。

因為自己存在，所以該對父母抱持介詞性感恩嗎？有些人真的可能會。可是我卻懷疑其中會有責任和義務。**首先**，為了自己的存在而**必須**對父母表示感恩很奇怪，因為義務存在可能又跟自己的存在有關。感恩的義務與存在互相依存：孩子必須感謝父母，因為他活著，而只有他活著的時候才能表達感謝。聽起來跟債務人的責任一樣，像是聖經原罪的一種變體：孩子降生於世時已經帶著一個重擔，從出生那一刻起開始慢慢償還，或者說，出生強迫他接受一份禮物，他必須終身心存感激。兩種想法都很沉重，因為這些責任很明顯都無法避免。康德在《倫理學講義》（*Vorlesung über die Ethik*）裡甚至提出警告，千萬不要欠人情。對他來說，感恩的義務永遠無法完全解除，它會一直持續下去，所以不應該輕易地被這個義務套牢。[5]可是面對我們的禮物生命，我們別無選擇。按理說，只有那些真的從父母那裡得到生命的孩子要心存感激，也就是由父母受孕並生出來的孩子，不包括養父母和來路不明的孩子。但是這麼想讓人奇怪，也許正是那些完全出於無私而領養孩子的人，他們給沒家的孩子一個新家當禮物。如果這些孩子也應該感謝父母，那除了生命這份禮物之外，子女義務還有另一個來源。那些用捐贈精子或卵子受孕出生的孩子呢？他們必須感謝捐贈者送的生命禮物嗎？還是感謝使用這些生殖細胞而懷孕的父母呢？

除了這些模糊地帶，**第二個**反對生命禮物有表達感恩義務的意見分量更重，也就是，存在本身不盡然是好的。這點可以用哲學思考實驗題庫裡一個粗魯的例子解釋：想像一下我們是外星人，在另一個星球的實驗室裡被培養出來，用來當作外星寶寶的飼料，他們很喜歡吃我們的肉。我們出生的唯一目的是填飽外星孩子的肚子。[6]這種情形下，我們的存在還是一份禮物？我們應該為了這份禮物對外星人心存感激嗎？當然，我們的出生對外星人有好處，而且，如果把這個以我們為生的外星人當成好人，甚至可以說，我們的存在從客觀來看是件好事。但是，要感謝外星人讓我們存在，這個存在就必須**對我們**有價值。此情況並不成立。

回想出一些例子很容易，例子中的人雖然不是被當成外星人的食物製造出來，但是他們應該不會把自己的存在當成禮物——就是那些被父母虐待或是受折磨的小孩，例如「奧地利禁室亂倫案」：虐待狂約瑟夫・傅力策爾（Josef Fritzl）的孩子應該感謝父親把他帶到這個世界上來嗎？期待他孩子抱持感恩的心很殘忍。傅力策爾把他女兒長年關在地下室，亂倫關係讓她生了七個孩子；這起重大罪行於二〇〇八年被揭發。這種情況讓我們比較容易理解，為什麼有人不會感謝父親生了他，而且寧願不要被生出來。大概只有對生命有正面評價的孩子才會把生命當成禮物。娜塔莉・波曼之所以會為了她活著而感謝父母，是因為父母創造了條件，讓她可以過美好的生活，因此覺得獲得了豐盛的禮物。

如果孩子應該為了生命感謝父母，絕不是因為存在本身，而是因為父母努力讓他們過上**好**生活。雖然德國哲學家叔本華認為生命本身是受苦，所以無論父母如何努力，把生命當成禮物一直都是過分的要求。[7] 還好我們當中只有極少數人對塵世間的生命有這麼負面的看法。所以我們可以提出這個問題：是否應該感謝父母替我們營造了舒適和有意義的生活，因為他們施予教育、遮風避雨的房子，以及他們的愛？我的父母給我乾淨的衣著，不讓我只吃糖漿和巧克力醬。和我一起慶祝生日，生病時照料我，放假時一起出遊，教我如何看錶，綁鞋帶，還有，收到禮物時要表示感謝。父母給我上了很多課，難道我不該感謝他們嗎？

回答問題到了這裡，一個有意思的難題越來越清晰，這個難題在這整本書中如影隨形，在思考虧欠問題的時候就已經遇到過：我對童年的描寫，或是我從父母那裡得到的好處，都是非常私人的，顯然無法普遍套用。有很多人衷心感謝父母，從來不會有「虧欠的問題」。這樣當然很好。但是也有一些與自己的童年和解的成年人，終會有一天自問該為父親、為母親做什麼，做到什麼程度是上限。所以，有時候本來就感恩的孩子也會提出本書探討的子女義務問題。另一方面，不是所有的孩子回想起過去都會覺得自己很幸福。這是個悲傷的事實，不是所有的孩子都有父母愛心的照顧，就算所謂「最高尚的家庭」也會出現疏於照顧、虐待和羞辱孩子的情況。世界文學裡滿是家庭悲劇例子，這些孩子終身努力撫平父母親加諸的傷口，例如約翰・布恩賽（John Burnside）《父親的謊言》，或是再提到卡夫卡令人震驚的《寫給父親的信》。卡夫卡生前從未寄出這封信，他在信中描寫父親一生如何以怨恨、不信任和懷疑對待他。卡夫卡把出版著作交給父親時，父親只回答「放在床頭櫃上」[8]，他反對兒子的婚事，兒子文學上的成就也令他反感。卡夫卡真的應該感謝童年時從父親那裡得到的一切嗎？應該不用吧！

因此，只有那些有感恩**動機**，也就是從父母那裡獲得關注，之後也覺得這些關注很重要並且很有幫助的孩子，才有感恩的義務（如果真的有這樣的義務的話）。事實上，感恩的先決條件是對接受到的好處有正面評價。如果別人粗心大意地送出禮物，或甚至有嘲諷之意，我們內心不會有感恩的感覺。如果我的朋友第三次送我同一本書，我很難從他的作為中看出這是份愛的禮物。父母親常會辯解「我們只是為了你好」，但這並不能當成貶抑孩子和一直拒絕孩子的藉口。當然，父母其實遊走在一條狹窄的稜線上，稜線一邊是鼓勵孩子嘗試新事物，並且用毅力去練習，稜線另一邊卻是折磨孩子，因為人們想把自己的喜好加諸在孩子身上。稜線的確切走向頗受爭議，試想對於蔡美兒《虎媽的戰歌》的激烈討論，她用僵化的教育方法嚴格訓練女兒邁向成功，並聲稱她女兒現在很感謝她。[9] 從外人的角度觀察，很難說明這樣的孩子是否受到父母積極正面的支持，也因此獲得了豐盛的禮物，或是孩子是否受到折磨和貶抑。但是也不能讓我們從一開始就排除感恩的義務。對那些明顯有美好童年的孩子而言，感恩的義務可能自始至終都存在。

我們現在看到，感恩的心會受到人心傾向的影響，看見降臨在自己身上或遭遇之事中好的一面。感恩跟上面的簡短說明不同，絕對不是一種感覺，或出現或不出現，像是飢餓和寒冷，就算我們沒有作為還是會侵襲我們。我曾經說過，有的人從根本上有感恩的心，相較於其他感覺受到冷落的人，感恩的人得到禮物會有較正面的評價。正因為感恩跟性格素質有關，所以也算作傳統美德。但是，我們不是簡簡單單就「具備」美德，而是要去習得，去培養，就像有句話說必須「在自己身上下功夫」。慣於嫉妒和常常吃醋的人比較不會對擁有的東西心存感激。嫉妒、吃醋和類似情感也會讓我們對自己的童年有不正確的看法：我妹妹是不是一直都得到比較大的禮物，而且一直受到更多寵愛？大部分孩子的父母是不是都比較大方？跟我爸爸比起來，我朋友的父親陪伴她的時間好像比較多？跟我媽媽比起來，阿姨對她的小孩是不是更有耐心？

當我們告誡別人要「心存感謝」的時候，等於要求他們改變看法：他們應該認清，很多事情比自己的想像要來得正面，他們的眼光過於挑剔。關於孩子虧欠父母的問題，感恩的義務也許可以理解為這樣的告誡：「看清楚你父母為你做了什麼，他們盡了最大的努力，有些地方很成功，其他人的情況要比你差多了。承認你有感恩的理由，即使你不這麼覺得。在你父母的面前努力表現出感恩的樣子！」就算孩子沒有感恩的**感覺**，他們還是有**培養**感恩的心的理由。而「好孩子」（在本書最後一章會看到）會這麼做：努力以公平善意的眼光看待家庭關係。

所以可以說，不知感恩的孩子不願意看見自己身上的好事。我們可以責備他們的品德或是性格缺點，因為他們拒絕以善意看待父母做的一切。在入口網站閱讀一些父母留言，這些父母已經與子女斷了聯絡，可以看到這樣的評價：兒子或女兒不知感恩，因為他或她沒有肯定父母長久以來的竭力照顧。

究竟是什麼讓父母有權這樣評價？假設一位兒子對父母說：「我由衷感謝你們為我做的一切。但是我覺得你們束縛了我，我想自己走一段路一陣子。我的新工作在美國，你們可以聯絡得到我。但是，如果過年過節我不回家請別生氣，而且我也不會太常跟你們聯絡。」父母看了這段文字之後覺得兒子不知感恩，有道理嗎？

這裡我們遇到另一個隨著感恩義務而產生的大問題。撇開子女應該**為了什麼**而感謝父母不談，還有一個問題是，什麼才是表達感恩的**合適方式**。無論如何，感恩之情要**表示出來**。如果我特地提早離開會議，趕去機場接妹妹，而她對此沒有明白表示謝意。針對我的責怪，她只回答：「我是感謝你啊！」這樣的反應很奇怪。感謝要公開表示，至少在介詞性感恩的關聯下，也就是我們對某個人的某項具體善行所感受到的感謝，也要表達出來。但是以何種形式，似乎沒有限定。雖然可能有一個大範圍，範圍裡面表示的謝意會被認為是適當的。例如，有人請我為他的求職寫推薦信，我花了很多時間，並把他希望的文件寄給他，然後我只收到一則簡訊表示他的感謝，這似乎太吝嗇了。我還會覺得奇怪，懷疑可能是自己的推薦信寫得太苛刻。情況反過來也不合適，如果這個人用一隻昂貴的手錶酬謝我，那會讓人覺得他收買了我。醫生也必須注意，他們只能接受看起來不像是賄賂的禮物。

感恩需要一種**適當的**表現形式，不是隨便表示，這種想法也反映在亞里斯多德對感恩是種美德的想法中。美德始終標誌著過與不及之間的中庸之道，在我們的例子中則是介於謙卑恭順的感謝與高傲的忘恩負義之間。[10] 在許多社交關係中，我們粗略知道什麼是合適的獎賞。然而一旦父母子女之間氣氛緊張，子女被譴責為忘恩負義的時候，常常會讓人覺得，我們對父母的感恩之情顯然不存在了，或者彼此對這件事的看法大相逕庭。這並不意味我們不感謝父母，而是不確定該用什麼表示。那些認為孩子應該感謝父母的人，不只認為孩子應該抱持感恩的心回顧童年，還認為，基於感恩，孩子應該把孩提時代獲得的照顧和關心也**償還**給父母。[11]

所以，被警告要執行的感恩義務跟債務人的義務相近，因為義務的重點也是**償還**。如此理解下的感恩並沒有簡化到**遵守道德的概念**，它只要求接受禮物的人要有感恩的態度，反而是擴展到**責任的概念**。第二章談到把親子關係當成債權人和債務人的關係，這裡說的與第二章的討論不一樣，並不是簡單要求孩子在成年後就應該把得到的東西還回去。感恩債的想法更加模糊，但是也連帶產生義務。依據這個想法，父母有權要求孩子實現義務：孩子應該照顧父母，或是關心父母，因為基於感恩的理由，這正是孩子虧欠父母的。不知感恩的孩子在這樣的理解下，不是沒有把感恩的美德內化，[12]而是沒有道理地疏忽了，沒有給父母有權得到的東西。

新的「感恩債」想法會面對兩道難題，難題之所以出現，是因為我們對要求的感恩有不同的解讀。第一種解讀方式要求的感恩，跟孩子從父母那裡得到的基本關心有關：習慣上，父母送孩子上學，生病時陪他們去看醫生，給孩子溫飽，有乾淨的衣物可穿，書包裡有課間的點心。但是所有這些並不是父母的慷慨餽贈，只是父母供應孩子所需的單純義務。如果父母照顧孩子只是盡了應盡的義務，那我們就很難理解，孩子為什麼應該對父母所盡的義務心存感恩。因為在大部分例子上，盡義務至少不會讓受益者一方也產生義務。[13]例如父母沒有必要感謝兒子的老師教他讀書，因為這是老師的任務。如果醫生幫我開盲腸，我也沒有義務對他的工作表達感謝，因為醫生就是為了這份工作而被聘用的。我完全不想否認，就算不虧欠別人人情，表示感謝會讓日常生活中的互動更融洽。在日常生活中，我們會為了簡單的舉動而表示感謝，例如當麵包店店員把麵包包好拿給你的時候，雖然我們付了錢，完全有權要求他這麼做。我們已經看到，這不僅代表禮貌，而且也對社會有意義。在許多情況下，感恩的態度是對互動對象表示我們對他工作滿意的肯定。但它不是道德上的義務，不是某個人盡了義務後也有權要求感恩。

我承認事情被簡化了一點，而且也有例外。假如履行義務造成單方面付出過高，情況就會隨之改觀。緊急救助大概就屬於這樣的例子：有人把我從失火的房子裡救出來，如果沒有任何幫忙我就會葬身火場。救我的人冒了極大的風險，所以我絕對應該感謝他。這點特別適用於某人並不是因為自己的角色而出手幫助，他不是消防隊員，只因為他看到別人亟需幫助。他也有幫忙的義務；

但是不向他致謝似乎不合情理，而且我們會說不知感恩圖報。家庭關係通常不是我們陷入身不由己的緊急救助情況，大都是父母同意開展的關係，他們心裡也明白，必須為孩子負擔許多長期繁重的任務。

然而也有一些例子，父母要負擔的教育工作比想像中費力許多，真的必須為孩子做出極大的犧牲。讓父母煞費苦心的孩子至少應該要感謝父母吧？在澳洲授課的哲學家賽門．凱勒（Simon Keller）用搬家的比喻來闡明這個想法：[15] 一個人請兩位朋友來幫他搬箱子。其中一位朋友很樂意幫忙，這一天也沒有其他安排，而且就住在轉角。所以凱勒稱他為「不費力的幫手」。另一位朋友則是「願意犧牲的幫手」，他原本想去衝浪，搬家那天是這幾個月來第一次適合衝浪的完美天氣。他住得很遠，而且覺得搬箱子很累。然而搬家那天他還是挽起袖子幫忙。根據凱勒的看法，這個人虧欠第二個朋友的人情遠比第一個人多，因為第二個人的犧牲比第一個人大。這個說法看起來有說服力。但是我認為，這個例子對於孩子是否應該感謝父母的問題並不是真的有幫助。因為如果哪一天父母認為有孩子並不那麼令人心滿意足，再度像以前一樣參加舞會，周末睡到自然醒，而不是一大早去兒童遊戲場。他們的孩子若因此比其他孩子有更多義務是不公平的，只因為其他孩子的父母是「不費力的幫手」，喜歡擔當父母的角色，也樂於接受相關任務。某些父母比別人犧牲更大，因為他們覺得父母的角色很吃力，但是不該讓孩子來承擔這個後果。

有時候也不是因為父母的任務耗費太多心力，而是因為孩子，或許也因為養育孩子的環境。例如我們想想那些孩子有身心障礙或是罹患疾病的父母，他們日以繼夜為孩子奉獻，冒著失去朋友、婚姻和工作的風險，只為了忠實地陪伴孩子。這些讓父母特別花費心力的孩子，以後有特別的義務向父母表示感謝嗎？我也不相信這個想法。如果讓生病或是有障礙的人負擔額外的義務，因為他們的童年比其他兄弟姊妹需要更多照顧，反而會讓他們的弱勢翻倍，非常不公平：儘管有社會援助，他們的出發點就是比其他人困難，而我們又給他加上一個重擔，也就是感恩債。就算責任有可能很繁重，父母有義務照顧孩子。會遇到所謂「好養的」孩子，還是需要特別照顧的孩子，我們無從選擇。自己的孩子會對父母有所要求是做父母的風險。希臘哲學家　謨克里特（Demokrit）因此有很悲觀的推論：「撫養孩子是件很不保險的事，好的話，一生都是抗戰和擔憂；不好的話，憂傷比任何人都沉重。」[16]無論如何，社會都要協助負擔特別沉重的父母，以平衡不平等的辛勞和過重的工作；但是不健康的孩子不因此比健康的孩子對父母有更多或是不一樣的虧欠。父母執行撫養義務，提供孩子應得的保護，孩子並沒有義務要因此感謝他們。

如果父母付出的照顧遠遠超過撫養義務，又會是怎麼樣的情形？這裡要討論要求感恩的第二種解讀方式。根據第一種方式，感恩的義務跟父母給予孩子的基本照顧有關；在第二種解讀方式裡，孩子的感恩義務則跟哲學裡稱為**超出**

本分之外的作為（supererogatorische Leistung）有關：雖然這種作為是大家希望的，但不屬於執行義務。它不是能索取的禮物，但是完全有利於其他人的福祉。[17]例如，如果我有意服務年老的鄰居，每周替她買東西，並幫助她把拿不動的東西搬回家，這會是一種友善的表現，當然不是我的義務。如果我決定接下每周替鄰居採買的工作，鄰居對我的慷慨表現和辛勞致上謝意會很恰當。

父母投入的心力也可能遠遠超過義務的範圍，並執行所謂好的、值得讚許的**分外行動**，但這些行動並不是規定要完成的。例如，他們捨棄一項奢侈的嗜好，完成兒子在昂貴私立學校留學一年的夢想。或者培養女兒的運動天分，不僅陪她去訓練，還一直按照比賽計畫來安排全家的度假計畫。假設一下，孩子很高興能得到父母的栽培，並在成年後表示，沒有父母的支持，絕不可能獲得這樣的運動成就，或者拿到教授職位，這些孩子對父母有感恩的義務嗎？

有可能他們真的有義務，也許正是這個原因，娜塔莉．波曼才會感謝她的父母：因為她認為，她需要父母的特別栽培才能達到目前演藝生涯所站的高點。很多小孩有這樣的感覺並無可厚非。如果子女有義務對父母的分外工作表示感謝，那問題是，分外工作從哪裡開始，父母的責任又在哪裡結束。父母的義務和特別投入的工作之間的界線在哪裡？常常會有人討論父母栽培狂，他們的子女因為壓力而感受不到好意，這樣的父母從哪裡開始算走火入魔？這些問題只能在探討父母義務的理論框架下作答，不在這本探討**子女**可能義務的書的範圍內。

除此之外，成年子女**虧欠**父母一份感激，或至少一份行動用做彌補的想法，還面對到另一個問題：只有當我們不是被強迫接受禮物，也就是我們也能拒絕這份禮物的時候，感激似乎才有它的道理。[18]我們已經在債務人義務那裡遇到類似的問題，這裡只有小小的差別。如果我沒有問過鄰居就替她買東西，然後期待她的感謝，那我就犯了一個錯誤，因為她可能對我的熱忱完全不領情。然而問題是，在父母親照顧的框架下，「強迫」到底是什麼？我們想像一位充滿犧牲精神的母親，定期帶給兒子裝滿的便當，沒有受到請託就自動替兒子燙衣服和打掃房子。母親在回答兒子時總是強調，她很樂意為他做這些事，所以他也聽任她繼續做，不反對她的服務。有一天她生病了，期待兒子現在能回報，定期來看她，為她煮飯，維持她的房子整潔並清洗衣物。兒子拒絕，他既沒有時間也沒有興趣花這麼多時間和精力來照顧母親。他委託一個臨時看護照顧母親，只有偶爾打個電話過去。母親對此不滿意，指責兒子不知感恩圖報。我認為這樣不公平，因為她雖然不是有形地強迫兒子接受她的禮物，卻是無條件地送出禮物，所以他沒有責任要感恩。但這並不意味孩子不能表示感恩。我已經很明白地指出，感恩是一種具有美德的態度，對我們每個人都適用。但是在這種情況下，感恩不是一個必要的義務。

總而言之，並沒有理由讓成年子女擔負**感恩債**，這樣的義務不存在，就像孩子不是債務人，沒有義務償還父母財物。孩子不虧欠父母任何具有償還財物、利息，或是類似意義的東西。基於這些理由，孩子對父母也沒有感恩的**義務**。

首先，這不表示那些心存感恩並需要表現出感恩的孩子不對。如我所述，這樣的態度不僅對自己，也對周遭的人有益且具備療癒效果：它讓在一起的生活更融洽，給自己美好的感覺，像是站在生命裡的陽光面。表達感恩本身沒有錯，培養表達感恩的能力甚至是件好事。但是它不是一種可以被要求的義務，在違背時可以受到第三者批評。

第二，批評感恩債的想法也不意謂世上沒有不知感恩的孩子。父母給予關心也許不是一直很成功，但企圖是好的；不知感恩的孩子不願意用正面眼光看待。相反的，感恩的孩子對父母培養出一種感恩的態度。感恩的態度並不代表有責任要償還什麼具體東西。所以一個孩子可以有感恩的心，但仍然可以拒絕接手照顧父母的工作，或是保守父母託付的祕密，或是在財務上資助父母。感恩的態度伴隨著某種東西，跟肯定對方有關，這種肯定可以鞏固並確認彼此的關係。如果這樣的感恩之心在親子之間蕩然無存，那我們也要問，親子關係是否徹底失敗了，成年子女才會沒有看見感恩父母的理由。如果父母抱怨孩子太少關心他們，把這當作不知感恩的表現，在很多例子中，這並不表示他們期望特定的「還款」，反而更表示出深深的遺憾，與孩子的關係顯然不如他們所期望的那樣和睦。

我們在這裡稍作停留。目前為止，我試圖說明為什麼孩子可能對父母負有特殊義務，並聚焦在一個問題上：父母在孩子童年時給了什麼，他們可以從後代那裡期待什麼為回報，形式也許是償還債務，也許是表達感恩。因此，在思考兩代之間的明智關係以及常為人悲嘆的老人獨居情形時，一直會出現一個問題：孩子該負什麼責任？孩子自然從父母那裡獲得了極大的利益，依此而指出，他現在必須負起責任，為父母做些什麼。

美國哲學家克莉絲緹娜・霍夫・宋梅斯（Christina Hoff Sommers）說了這個故事：一位女性社工開了專欄讓讀者提問，一對老夫妻前來尋求協助。他們有五個孩子，每個人在職場上都非常有成就。可是這對夫妻在老年陷入財務困境，他們為了資助所有孩子的學業和婚禮而債台高築，孩子卻拒絕給予父母援助。根據父母自己的敘述，他們必須掙扎求生存，因此詢問社工，他們現在該做什麼。[19]

在這樣的情況下，自然會指出孩子從父母那裡得到了很多好處，因此必須**歸還**一些回去。這是所有**互惠與感恩模式**的基本原則。這個例子有三點很重要：第一點，這一對用讀者投書申訴的父母也許真的應該以孩子真實債權人的姿態出場比較好。婚禮開銷（至少在我們的文化圈內）不屬於父母的扶養義務。父母可以先給子女一筆貸款，就像貸款給外人一樣。兒女接受這種形式的貸款，無涉於家庭關係是否親密。如果父母想把每個孩子的婚禮當作禮物資助，那麼第二點，父母必須事前計算清楚，他們是否有能力負擔如此昂貴的禮物。第三點，這裡舉的例子特別悲慘，因為這對夫妻生活貧困。在這種情形下，當然有一般的援助義務幫助這對夫妻脫離貧困。但是這個義務不是子女的義務，不是因為他們跟父母有親屬關係而產生，而是我們所有人共同的義務，想辦法不讓老年人受貧窮折磨。我們必須一起解決的問題需要一個制式的解決方案，並把責任劃分成每個人的責任。如前所述，從社會政策來看這樣做是有意義的：用家庭關係來支持世代之間的工作分配，首先由自己的後代負擔緊急救援。但是在道德層面上，**孩子身為孩子**對父母是否有義務的道德問題還沒有答案。許多關於家庭破裂的討論也證實：父母很少期望從成年子女那裡得到物質財富，比較希望孩子能繼續在生命中扮演一個角色，關心他們，保持聯絡，出席他們的聚會，一起度假——只要子女在身邊就好。

子女義務的爭議絕不僅止於必須提供父母基本援助。我們先把照料和看護的財務問題討論先放在一邊，才能整理出許多跟父母相關並且困擾我們的問題。例如成年子女會想問，他們是否可以偷偷結婚，雖然知道這樣會傷父母的心。他們也會問，跟父母的關係不是那麼好，是否可以不讓父母見孫子？可以在朋友面前取笑父母的政治觀點嗎？可以跟兄弟姊妹討論，是否得跟父親談談酗酒的問題？

所以，有爭論的義務絕對不侷限於或是主要在**提供協助**，也跟**保守祕密的義務**和**採取干預行動**有關。為了回答這些相關義務的根據，我們顯然得特別做一件事：更加瞭解親子關係，並詢問這層關係本身到底負有什麼義務。所以我呼籲在家庭關係裡調換一下視角：離開道德上的**交易模式**，轉換到道德上的**關係模式**；交易模式特別強調家庭中的交流靠義務與感恩主導，關係模式則強調我們在關係中的義務和根據單單植基於關係本身。我決定在接下來的章節內改變觀察角度，嘗試把親子關係當成獨一無二，並且是非常特別的關係去理解。

友誼

我們對待朋友的方式跟對待世界上其他人不一樣。

——亞歷山大・內哈瑪斯（Alexander Nehamas）

友誼就像是故鄉一樣。

——庫爾特・圖霍夫斯基（Kurt Tucholsky）

根據所有我們看到的事實，成年子女並不因為他們的童年而對父母有所虧欠。雖然有些父母對孩子付出的關懷和辛勞，遠遠超過他們的責任範圍，這些孩子也有可能應該對父母心懷感激。然而首先，這不適用於全部的孩子。第二，感恩的心不會隨著施恩者有權要求的義務而出現。認為父母的付出和犧牲讓後代子女肩負重擔，長大成人就該償還，直到還清欠債，並可以自由安排自己的家庭生活為止，這樣想是不對的。

但是這個錯誤想法廣為流傳，因為特別在社會政策背景下，人們會以我稱之為**交易的觀點**來探討親子關係：如今的人思考世代合約，社會逐漸高齡化，我們會指出，孩子特別從父母那裡得到了必要的教育和照顧，所以他們對父母也有相對的義務，或至少在財務上負擔看護費用。從社會邏輯來看，交易的想法可能是公平的，但是從下面幾個原因來看，這想法對這本書的意圖幫助不大：第一，我優先關切的問題不是老年人的看護費該如何分擔，而比較想澄清，孩子是否在**道德上**特別對父母有義務，只因為他們是父母的子女。第二，有違一般大眾的想法，親子關係根本不能用「交易關係」來衡量。父母和孩子對待彼此的態度跟債權人和債務人的關係就是不一樣，後者接受交換買賣，附帶條件是孩子要負擔後續費用。這樣做比喻是站不住腳的，因為這種有爭議性的交換買賣缺少了協議。第三，父母對成年子女的期望大多不是物質上的補償，也不是要孩子的感恩之心與日俱增。所以，執行還債或是感恩的義務並不能滿足父母，更不用說讓他們幸福。在大多數情況下，父母對子女的期望可能是（順帶一提，常常也是成年子女對父母的期望）一個親切溫柔的關係，相互關懷和照顧，尤其是孩子出於自願關心父母，不是出自義務。

換句話說：他們期待的關心意味著雙方都重視的親密關係獲得強化。所以，為了回答孩子應該為父母做什麼的問題，我們首先必須好好瞭解他們之間的關係，必須找出，**單獨**從這個關係裡是否能產生出一個特別應該由子女承擔的責任。

所以我建議轉換一下觀察角度：從父母和孩子彼此為對方**做了什麼**（對交易的想法有決定性的觀點），轉換到父母和子女對彼此的**意義**（關係或是關聯裡的基本觀點）。以重視關聯的看法來觀察親子關係，是把焦點放在關係本身，而不是放在關係早期交換了什麼，或贈送了什麼。觀察角度轉換容許我們在探討欠債和感恩的想法之後，檢驗一個解釋孩子義務的新建議：身為孩子的女兒兒子與父母有特定的關係。

我們來想像一種日常對話，想像孩子問自己有多大的自由決定權，從對話裡可以看出，把焦點放在這個特殊**關係**上對我們的目的有意義。例如，女兒考慮在母親七十歲大壽時去度假，她去詢問朋友的意見。朋友的答案很有可能會提到這層關係：「拜託，她畢竟是妳母親，妳可以在別的時候去度假。」或者說：「妳母親和妳關係這麼好，她會瞭解妳的。」另一方面，母親也可以說：「我知道妳愛我，也很重視我。當然，能在生日的時候看到妳很好。但是我也能體會妳需要休息。我會跟客人說，妳最近的工作壓力非常大。」並讓女兒放心離開。這些不同的反應顯示，孩子和父母之間的關係本身會促成義務產生，或解除一個人的義務。這些反應還透露了一些事，也是我寫這本書的動機：身為兒子或女兒，身上自然擔負著特定的社會期待，例如女兒必須出席母親的七十歲大壽。然而，兒女對這份期待的想法有很大的歧異。

母親的回答也直接跟社會期待拉上關係。顯然社會期待可以落空，但是又重要到必須給一個解釋。然而問題是，社會期待是否可以追溯到道德責任，如果可以，根源在哪裡。這本書想用傳統以外的角度澄清，子女是否**真的**對父母負有責任。我們常常**期待**孩子在過節時回家，或是期待他們讓父母有機會與孫子聯繫。這也許是對的，但是從道德上來看，他們也必須這麼做嗎？我們已經看到，道德的範圍比社會風俗廣，正因為如此，社會風俗可以公開接受道德的批評。因此我們可以也應該在社會期待之外探索，孩子面對父母時應該採取什麼態度。

我說過，為了回答這個問題必須仔細研究親子關係，並找出關係本身是否就是道德責任的一項來源。思考一下友誼的定義，理由我們再熟悉不過：成為朋友表示對彼此感到特別的責任，所以為對方做的事更多更不一樣，勝過不是朋友的人。[1] 假如我聲稱跟艾莉莎是朋友，但是我既不特別對她的想法、煩惱和快樂感興趣，也不會在別人面前保護她，或是在她有問題時幫助她。別人會問我：「你倒說說看，你不是跟艾莉莎是朋友嗎？」成為朋友後，隨之而來的是合理的期望，希望特別為彼此出頭。聖經裡有個保羅的故事，他在雞啼第三聲的時候否認了他與耶穌的友誼。這是背叛最典型的例子，因為一般而言，朋友會在危難中互相掩護，不會把對方交到敵人手上。這點不僅適用於緊急救難

（我們會把朋友第一個救出失火的房子，這並不表示我們不參與救援其他人的工作），也可套用在其他要求上，例如保守祕密的義務（女友跟我透露的祕密，我就不再說出去）或者做出干預（好朋友互相維護，以免對方犯下攸關性命的大錯）。這類行為方式的理由根據，不是為了效率或是為了全體社會的公平正義而一致認同的社會分工，友誼本身就是理由。

而且在重要時刻，驅使朋友行動的動機不是功勞和酬勞。例如他們不會問，對方要給他的關心是否跟他給的一樣多。如果我跟艾莉莎真的是朋友，她在筋疲力盡的時候打電話給我，因為她的孩子一直生病，她的老闆也因為她常常請假而逐漸失去了耐心時，我當然會對艾莉莎伸出援手，不會考慮她是否曾經同樣援助我。這樣斤斤計較表示我們的關係並不是很好，無法肯定我們的友誼。

因為友誼裡的義務不會在某個時候完全執行或是「被處理」，就好像債務人的義務和部分感恩義務的交易義務一樣。如果我和鄰居約定，暑假期間我們互相幫忙為植物澆水，當假期結束，我的義務也盡完了。但是友誼不一樣：在這種關係裡面，不斷為朋友服務就是友誼的表現，或者較為技巧性地說，這是這份關係最基本的條件。如果我的朋友忘了請我澆花，我就不願意做，看著她在陽台細心培養的植物在炙熱太陽下慢慢枯萎，或者我不再詢問她的近況，就算我看到她過得不好。這些都顯示我不再重視這段友情，或者，我就是人們口中所謂的「壞朋友」：我似乎不明瞭友誼的本質，或是故意破壞它的規定，因為我知道這段友誼走不了多長久。身為朋友，當然有義務互相幫忙，彼此關心，忠誠以待，但是同樣也要更寬容對方可能會犯的錯。因為我們認同對方，所以也會寬容朋友的失禮。朋友就如圖霍夫斯基所說，像故鄉一樣：[2]因為朋友可以信賴，我們覺得被接受和瞭解。我們是不是也能說，家庭關係也是這樣？特別是父母和子女之間的關係？

當然，有些孩子和父母友誼深厚，他們最想跟父母共度周末，一起度假，一同慶祝每個人的生日。一定也有些兒子在遇到婚姻危機時，寧願跟母親哭訴，而不跟同事說。也有女兒在母親面前不想隱瞞任何祕密。姑且不論這些子女的配偶對所愛之人與父母關係如此親密有什麼感受，我們不能完全主張孩子**一定要**是父母的朋友，因此也對父母負有所有朋友間的義務。友誼是規範性的期望，還會讓人感到幸福，但不是所有孩子在成年後仍然以這種方式與父母維持親密關係。

如果把子女的義務理解成友誼的義務，那顯然只有那些把自己當成父母朋友的孩子才虧欠父母關心與照顧。但他們不是以子女身分做這些事，而是以朋友身分。最先把子女義務當成朋友義務拿出來討論的哲學家珍・英格麗許（Jane English）這麼表示：身為朋友，孩子有可能要對父母負有責任；但相反的，身為子女，他們並不虧欠父母什麼。[3]

這個建議還是差強人意，因為我們在本書裡尋找一個說法，解釋為什麼孩子因為有**子女身分**而必須對父母盡義務。就算有一些孩子仍與父母維持友誼，也不能幫我們做出進一步解釋。子女義務的狹隘定義在我們腦海中出現，第一，因為我們在尋找一個普遍的義務，我們身負這項義務，只因為我們是某人的孩子。第二，子女義務在我們腦中是種規範，也合理化了來自父母和第三者的期望。例如養老院的看護對一個兒子這麼表示：「您大概是工作太忙了，所以不能常常過來看看？」對於老邁父母的朋友們，她的表達卻不會如此尖銳。第三，通常在友誼不（再）存在的時候才會開始問，我們對彼此是否有義務：只有在這個時候，孩子才會問該用什麼態度面對父母，該付出多少關懷、謹慎對待和保護；是否該帶他們去度假；是否該告訴他們別人說他們的壞話。指出父母和孩子在親屬關係之外還有可能做朋友，幫助並不大。我們也可以這樣分析兄弟姊妹關係：一定有些姊妹很親密，願意為彼此付出很多，感情好到像閨蜜一樣。然而，當姊妹之間不（再）是朋友，情況會跟單純的朋友不一樣，對彼此是否還特別負有責任的問題並不會消失。只有在這個時候才會問，身為手足，他們是否被道德綁在一起，例如遇到財務危機時向對方施以援手，或是有衝突時為對方撐腰。面對父母，成年子女也會不斷問這些，就在他們**不**再覺得父母是朋友的時候。

因此，把成年子女的義務當成朋友義務來理解很難達成我們的目的。但是，跟友誼的關聯也許可以在別的地方開花結果，例如我們只把親子關係當成友誼的**類比**。很多孩子雖然不覺得父母是真正的朋友，但是仍然對他們有好感。這種感情上的聯繫就它的規範性結構而言，可以像友誼一樣。事實上，到目前為止的選項都被過度描繪：子女和父母既不是親密朋友，也不是無所謂的陌路人，更不是敵人。私人關係遊走在感情豐富的光譜間，從愛、友誼，到有好感的輕鬆關係；從無所謂、反感，到盲目的仇恨。就算孩子不把父母當朋友，他們仍然對父母有正面的感覺，重視父母和父母的幸福，正因為父母不像朋友，而是生命裡的中心，功能上無法被取代。與他人有正面的情感聯繫，對一個優質、成功的生命具有很大的意義，也正因為如此，我們很珍視友誼。生命中感受不到愛與友誼的人，他一定活得很貧乏。所以我們很容易能理解一個隱士聲稱在對神的愛裡找到真正的情感聯繫。他也活在有連結的感覺裡，但他是和一個超驗力量結合在一起。我們人類是社會群居、互相關聯的動物，所以有理由去珍惜每份關係，並賦予它們重要意義。珍惜與某個人之間的關係也表示，把這層關係當作照顧這個人的義務來源。[4]

怎麼對待對自己很重要的東西？思考一下就很容易明白。假如音樂對我很重要，它豐富了我的人生，那我有理由在生命裡為音樂空出一個位置，發展我的熱情。如果我說我是巴哈熱情的崇拜者，卻不打算聆聽他的音樂，這樣就很奇怪。對生命很重要的東西也給我們一個理由，在生命規劃中賦予它一個相當的分量。[5] 所以針對親子關係可以說：就算只有極少數的孩子在狹義上跟父母是**朋友**，與父母維持良好的關係對很多孩子而言還是很重要，就這層關係來看，子女有理由去照顧父母。根據這個觀點，孩子與父母之間也許真的可以理解為**類似**友誼的關係：就像重視友誼的人會為朋友留下優先位置；大概也有很多孩子是這樣對待父母。

這個建議第一眼看起來很有說服力。但是不難發覺，這又只適用於那些對父母**真的**有好感的孩子。我們還是沒有進展：我們已經知道，敬愛父母的孩子願意為他們多付出一些。但對於那些「父母對我來說並不是特別重要」的人，又該如何呢？這樣的孩子在感情上與父母陌生疏遠，他們也有像朋友的義務嗎？我們當然有看到一些例子，也看過一些家庭故事，這些家庭裡的孩子**應該**跟父母保持距離，因為他們被虐待，受屈辱或是被忽略。如果把義務跟情緒上的好感牽上關係，那麼這些孩子沒有這樣的義務。這正表示，孩子本身顯然不用負任何責任，或者說，必須為這樣的義務找到其他的理由。

當孩子受虐時，我們還可以認為這些父母喪失了原本屬於他們的權利。我有權利（如果有必要使用武力）抵抗想要攻擊我的人，但是我在「正常」情況下有責任不傷害對方。但是這不足以讓我們讓一步，把極端例子排除在外，主張所有其他孩子都具有類似友誼的義務。因為我們最常遇見的孩子既沒有被父母折磨，也沒有把父母當成最好的朋友，而是這樣的孩子：「我當然很重視我的父母，他們對我也很重要。但是我沒有興趣每個禮拜去拜訪他們，跟他們一起度假，出於責任感誇獎他們辦的烤肉，或是傾聽他們婚姻裡的問題。我卻感覺到他們希望我這麼做。」

儘管父母與孩子感覺緊緊相依，對於彼此可以抱持的期待卻顯然想法不同。因為事先並沒有約定好，子女到成年時應該為維護親子關係做些什麼，況且，每一個關係都有自己的內在規範。有一家人維護關係的方式是每星期天見面喝咖啡吃蛋糕，另一家人一年才見一次面。有一個母親期待女兒每天打電話問候，另一個母親不喜歡打電話。有個父親希望兒子陪他看病，並且從旁幫他出主意，另一個父親則覺得這是干涉。當然這也適用於所有的關係，就連朋友也會對彼此有不同的期待。私人關係衝突大部分出現在期待的落差上，比如可以期待的照顧範圍，保守祕密和忠誠程度，以及對於略微失望和犯小錯的容忍度。這些標準不僅是由外在決定，也是長期以來經過內部「協商過」的。著眼於協商過程就會很清楚，跟友誼類比也行不通。

因為在家庭結構裡不可能出現朋友之間的協商。一來，戀愛或交友對象的地位與自己或多或少平等，而孩子對父母在一開始就有強烈的依賴關係。這點對關係中的**規範結構**，也就是關係遵守的「遊戲規則」，有深遠的影響。我們首先觀察一下友誼：一般來說，友誼要長時間培養，在這段期間裡，參與者越來越能融入對方的生活，默默協調對彼此的期待，也漸漸懂得如何表達共同的期望和親密關係，需要多少誠信，給彼此多少空間，怎麼處理分享的祕密，還有，多久見一次面、打一次電話或請客。

私人關係都有個共同點：和沒來往的人相比，有關係的人更願意為彼此付出。至於到底確實付出什麼，對彼此的偏愛有多高，是由每個關係中的內在結構決定，而這個結構會由關係人慢慢一起建立起來。形成結構的根本，以友誼為例，是朋友或情人的關係相互平等或**對稱**。當然這不是絕對。大部分的愛情關係是不對稱的，因為會有一個人愛得比另一個人多。這一方面主要是指兩個對等的人之間情感上的不同層次，他們倆是平等的，並想從對方那裡獲得些什麼（或很多東西）。另一方面，彼此的關係可以不斷重整，一次是這個人的需求比較多，下一次是另一個人。但是長時間下來會產生一種對稱的關係，讓雙方能在平等的地位上主導，用他們或多或少信賴的規則來建構關係。

雖然也有些私人關係是由權力的落差和依賴主導，但是我認為這種關係**不**

是好的友誼或愛情，會告訴當事人，他們不是被愛，而是被壓榨，他們應該分手。友誼當然也可以從原本不平等或不對稱的關係中成長，例如法國總統馬克宏與他以前的法文老師碧姬．托涅（Brigitte Trogneux）結婚，年紀比他大二十四歲。關係開始時，他們之間的情況一定不對稱，但無權依此判斷，這樣的情形會持續下去。權力關係可以弭平，不對稱的情況也可以重整，直到關係人能平起平坐。

權力平衡的對稱關係對一段美好的友誼或是成功的愛情是不可或缺的，至少趨勢是如此。但是這樣的關係在家庭關係中並不存在，尤其在童年階段，孩子對父母的關係在生命初始完全是不對稱的。在踏出生命的第一步時，孩子完全仰賴父母；在童年期間，父母不只要為孩子負責，還對他們握有極大的權力。亞里斯多德已經對此強調過。在《尼各馬可倫理學》中，他雖然也把家庭關係稱作友誼，但是關係裡的人不具有同等地位。[6]根據他的看法，原因在於父母把子女看成「自己本質的延伸」。不僅因為孩子大多是父母親生出來的，從孩子一出生，父母就認定孩子可以塑造，可以引導、教育和影響，這也是父母責任裡**應該**做的。

這裡的問題是，要用什麼眼光看待子女比較合適？財產持有人、信託人、監護人，還是愛心教育者的眼光？不管怎麼理解童年早期的關係，清楚的是，這個時期的親子關係絕對不能跟友誼相提並論。在教育任務下，父母必須管束孩子，訓斥他們並提出禁令，我們對朋友一定不會做這些。由於父母在某個程度上塑造了孩子，如果有人批評孩子，他們個人可能會覺得受辱，也有可能被要求對孩子做出來的蠢事負責。朋友之間沒有類似的情況。雖然我們會為朋友感到難為情，但是大都還有可能保持距離；父母不僅無法成功地保持距離，也不容許保持距離。父母以「延伸的身分認同」看待孩子，孩子犯錯時，他們特別容易受傷。我在第六章思考親子關係中的**脆弱點**時會回顧這個觀點。

首先，確定家庭關係的伊始絕對不是友誼就已經足夠。如果應該變成友誼，必須經過很大的變化，直到孩子被當成平等的夥伴看待。從孩子出生起，父母就有任務教導他獨立，並放手讓孩子過自己的生活。對康德而言，這個任務直接由非自願的「生命禮物」延伸出來。在《道德形上學》（*Metaphysik der Sitten*）中他寫道，我們有必要將「生育孩子的行動當成我們不經同意便把一個人擅自帶到世界來」。正因為如此，父母不能把孩子看成自己的「產品」或是財產。正好相反，因為他們的「作為」，父母必須儘早教導不成熟的子女成熟自主，並且刻不容緩地讓子女成為「世界公民」，放他們自由。[7] 對康德來說，單單這個自由就彌補了被強迫出生的事實。但是我們不需要在這裡決定，是否要把父母教育孩子獨立的義務看成所謂的彌補，因為孩子是非自願出世；或是強制父母把孩子看作有獨立自主能力的人，重視孩子的獨立性發展。無論如何，父母的義務都存在。如果父母不盡義務，沒有適切地支持和尊重子女日漸增長的獨立性，對子女而言非常不公平。在破碎家庭中成長的子女常常指控父母不讓他們過自己的生活，即使他們早已成年，還是強迫他們接受自己的觀點和價值，按照個人尺度管束。

正因為親子關係的開端不對等，父母也一直有責任把子女當作成長中有能力自主的人看待，所以親子關係的規則（內在結構）至少有很長一段時間是由父母訂定。過程不是經由共同協商，結果不是由雙方投入對等看法所形成，所以，關係內的義務也很少能用一般而論。關係本身就是自己的規範結構，而結構是從規則和義務中產生。親子關係發展不平等，家庭關係又含有非自願的成分，這些對親子關係來說意味深長。為什麼要遵守我們從來不能參與決定的規則呢？我在第六章會談到家庭關係裡的脆弱點，許多家庭之所以產生衝突，是因為孩子看到他們面對父母的期待，這些期待他們不能參與決定，沒有被徵詢意見，就在這份期待中成長。

孩子和父母無法互相選擇，更強化了**非自願**的成分。我們被生進家庭裡，或是被領養而轉入一個家庭，必須在這個原生環境中為生存妥協。這也適用於繼親家庭。瑞士作家暨記者蘇珊・希茲勒（Susann Sitzler）在她的《兄弟姊妹》（*Geschwister*）中描述，她如何在八歲時因為母親再嫁再度成為姊姊：「我們沒機會挑選彼此，其他人並沒有問我們是否同意，就決定了我們之間的關係，我們面對的是既成事實。」[8] 當然我們也不是完全一直自發和自願地選擇朋友，很多時候也無法確切描述友誼是怎麼開始的；有時候一不小心就進入一段關係，然後說「找到」一個朋友。其實友誼也有一點命定成分。它當然還是有自願成分，因為我們可以讓搭起的關係生溫，或是保持距離。所以在選擇朋友時，我們面對的不會是一個既成事實。

相反的在家庭裡，無論是加入或退出都不能自己選擇，這種情況在別的關係裡都找不到。雖然在天主見證下結合的婚姻不能分離，但是步上婚姻是可以自由選擇的。此外，我們出生時不會被徵詢是否滿意這個或那個國籍，但是我們隨時可以放棄國籍。在家庭關係中，沒有機會做這兩種選擇。準確地說，家庭關係甚至是所有想像得到最身不由己的關係。[9] 現在這個觀點在面對成年子女對父母所負的義務問題上意義極為重大。因為我為什麼有責任為一個人付出比別人多，只因為他碰巧是我父親或母親，而我對此竟無法表態？朋友之間不會有這樣的問題，因為一方面是我們自願接受這段關係，並默許隨之而來的特定義務；另一方面，我們當然也有自由讓自己擺脫這段關係，並規避套在身上的義務。

家庭關係中非自願的問題觸碰到**唯意志論**，我們在第二章已經談論過。在關係倫理的框架下，唯意志論說明，只有在自由的情況下同意接受一個關係，我們才有應盡的義務。[10] 因為所謂**自然義務**是我們面對所有人都要盡的義務，由於我們是有尊嚴、有特定利益和權利的人。與自然義務不同的是**特殊義務**，它的理由根據不是我們身為人類，而是因為彼此之間的特殊關係。我有自然義務，不能毫無理由地毆打、欺騙，或是侮辱我的朋友或是任何一個人，並且在其他人有危難時盡可能給予協助，理由在於，這些人也有尊嚴和利益，讓我有義務尊敬他們。相對的，特殊義務不是普遍針對所有人，只是針對特定人物，需要其他的理由根據。唯意志論者的看法是，只有在負義務的人同意接受這段關係時，才可以在彼此身上加諸特殊義務。例如我們做承諾或是簽署合約，表示我們同意相對承擔一項義務，之後也必須遵守我們的承諾。但是，沒有人能選擇出生在哪個具體家庭，做這個母親或那個父親的孩子。為什麼孩子要為這個出於偶然或是被迫的情況負責？

我承認：這裡談論被迫是有點過頭。「被生在」一個家庭裡不能跟其他的強迫手段相提並論，例如強迫的婚姻或是強迫的收養。雖然少了最初的同意，我們還是成了父母的孩子。享受了家庭的舒適後，我們可以帶一點確信認為，我們默默同意了家庭中的生活，就算有些人的童年並不是很圓滿，但是有個家庭通常比**沒有家庭**來得好。難道不能從這個角度出發：當我們還小的時候就已經同意接受父母的悉心照料？約翰．洛克在他第二篇的《政府論》[11]裡提出默許的觀點，不過是在政治背景下。洛克認為，如果我們沒有明確表示贊同全體公民，那我們就必須對政府負起服從的義務。因為只要我們居住在一個國家裡，並享受這個國家提供的照料和保護，我們就是含蓄地或緘默地同意政府加諸在我們身上的統治力量。然而我們已經看到，關於國籍，至少理論上有選擇的機會，可以放棄國籍並藉此規避相關責任。但是我們永遠無法完全擺脫家庭，換一個全然不同的親戚歸屬。對於家庭，我們不僅沒自由決定是否加入這個共同體，也沒有離開的可能。

這是真的嗎？家庭關係可能會破裂或是完全支離破碎。序言中提到的家庭決裂情況顯示，成年子女很有可能悄然離去，以躲避令人不快的家庭關係。但是我們也能在「道德上離開」與父母的共同體，並用這種方式規避所有義務嗎？在友誼中，這似乎真的可能：如果我對艾莉莎的感覺越來越淡，並且意識到，她在場時我覺得無聊甚至很耗心力，我也許會找機會跟她談談，挽救我們的友誼。也許我們的關係不會再變好，聯絡變得零星。或許我們會爭吵並導致關係破裂，或許關係不會中斷只是慢慢疏遠。在友誼的終點，彼此的好感不僅已經枯竭，也沒有理由特別為彼此付出、照顧和捍衛。因為我們記得，只要覺得對方很重要，彼此聯繫很重要，就有理由互相關心。關係結束牽涉到情感與道德層面。朋友之間的義務不復存在，因為曾經是動機的關係也不存在了。

因此又回到前面提過的一個現象，也就是，盡朋友義務對友誼本身是**最基本**的條件：如果我不再重視朋友感興趣的事，也不再關心他，很顯然我已經不把自己當成他的朋友，過了一段時間後，我也沒有了相關義務。相反的，如果我越來越關心一個剛認識的陌生人，他也越來越關心我，等時間長了，我們也許會成為朋友。我們對彼此的責任顯然可以由關係深度左右，端看我們允許的程度或關係分化的程度。

然而在這種背景下談**義務**似乎有點奇怪。義務是絕對的，不會因為我們自己改變條件就可以逃避。換句話說，這正是道德義務的關鍵，它的存在不受我們的喜好和情緒影響，它的規範強大且紮實。如果在友誼框架下談義務，眼前的規範性顯然比較弱，完全會受到我們的願望、需求和目標左右。我用**弱規範**來表達，在友誼中盡義務是「建構關係的規範」，也就是說，如果相關期待獲得應允，關係就可以建立起來。所以有些哲學家建議，在私人關係裡不要談義務，只要說原因。有朋友間的義務就表示有關心朋友的**原因**，因為我們希望關係能開花持久，而且關心的原因可能會消逝。

這個建議可以單純從工具層面理解，例如我希望朋友照顧我，所以我也照顧他。這不必然是把朋友當成工具人利用（這種手段是要接受公評的）。我上理髮店，美髮師會盡心剪出一個好髮型。他這麼做也是出自工具性的理由，也就是讓我滿意，希望我再度光臨，並且推薦給別人；這點並沒什麼不對。他盡心剪好頭髮，也是因為我本人和我的滿意程度對他很重要。如果美髮師有這樣的感覺，我對他來說不僅是顧客，我個人在他心上也有了分量。友誼就是這麼回事。一開始我們也許因為工具性的原因關心對方。我們新搬入一座城市，和告訴我們怎麼搭公車、哪裡有好的瑜珈中心的人交朋友，這麼做再聰明不過。時間一長，我們也許跟這樣結交到的新朋友定時上瑜珈中心，因為有人作伴就是比較有趣，而且相約能幫助我們定時運動。我們越來越常碰面，也許開始把瑜珈的共同興趣延伸到對彼此的興趣。我們越來越珍視彼此，成為朋友。現在我們去約定地點的原因，不再只是約好一起練瑜珈，為了身體健康，而是我們覺得彼此很重要。用哲學的觀點表達：我們現在彼此關心和照顧的原因不是出於工具性的原因。

非工具性原因來自關係本身的價值。當我們持續關心一個人，表示與這個人聯繫對我們很有價值。這同樣適用於愛情：談戀愛的人會把優先考慮和保護愛人的原因視為非常重要，這個分量源自愛情本身。[12]如果對他來說分量不再，關係也就告結束。換句話說，如果我在生日的時候打電話給朋友，去醫院探望他，傾聽他的婚姻問題，那我是不斷用行動來證明我們的關係。如果我停止這些特別行動與關懷，意味著我發出信號表示，這段友誼不再是行動的理由，我也不再把他當朋友了。

家庭裡的情況也是這樣嗎？雖然家庭關係不是自願的，但是家庭成員間親密熟悉的關係不是非自願的，而且，最後也許只有那些選擇過的親密關係才能給予家庭成員特別的理由去鞏固這個家。我們守護滋養這段關係，以證明我們情感上的聯繫。當然有很多孩子這麼做，他們拜訪父母，傾聽他們的心聲，帶孫子去探望他們。例如作家沃夫岡．韓爾多夫（Wolfgang Herrndorf）在他的部落格日記「工作與結構」中，針對他母親寫了一句很棒的話，只是第一眼看起來有點矛盾：「我很愛她，而我知道，這也是對她的信任。」[13] 當我們不再特別重視家庭關係，我們將無法跟父母打交道，或者我們覺得受束縛，那我們有自由逐漸停止彼此的聯繫和情感上的關係。如此一來，我們又回到原點，珍・英格麗許說：身為父母的朋友，孩子也許虧欠父母什麼，但是身為孩子，他們什麼也不虧欠。所以我們也不能主張，所有的孩子單單因為子女身分必須對父母負責任。我們在前面幾頁擴大了英格麗許的原始論點：有可能很多孩子重視他們的父母，如果是這樣，情感上的緊密聯繫會衍生出特殊的理由去照顧父母。但是，首先，他們不是因為是孩子所以必須這麼對待父母。身為他們的孩子，完全不用負任何義務。

第二，就算關係正面也只會產生弱規範。如我們所見，在友誼和其他私人關係中，盡義務對關係本身乃最基本的。這也表示，關係能建立，就是相關的期待獲得了滿足。然而我們討論子女義務，其實是想知道別的問題：父母和子女之間的關係是否也有「強規範」？強規範是指隨著義務而來的規範，這些義務跟我們在關係中和用關係建立起來的規範無關。如果子女對父母的義務跟我們賦予這段關係的價值有依存關係，那麼，當我們對父母不再有足夠好感的時候，義務就會消失。但是我們絕對不會有如此感覺。我們反而特別在關係緊張，親密關係變得滿是窟窿，或是關係轉壞時，才會提出義務相關的問題。

親子關係跟其他關係不同之處（也是跟友誼不同之處）是取得基本條件，也就是盡義務的動機，不全然在當事人手中。我不能直接中止我身為女兒的舉止行為，並期待時間一長也失去女兒的身分。我們這一生是某人的親生子女，受他們教養拉拔長大，也一直會是；這層外衣無法褪下。二〇一六年電影《為你說的謊》（*The Light Between Oceans*）中，年輕的伊莎貝爾把這一點說得很貼切。她敘述母親沉重的悲哀，兩個兒子在第一次世界大戰的戰壕裡失去了性命，她說：「有前夫，前女友，但是沒有前兒子，前女兒。」很顯然，孩子就算是消失不見或是過世，也不會落入前孩子身分。我們同樣也不可能如此看待自己的父母；沒有人會把失蹤的父親稱為前父，或是把過世的母親叫做前母。

我承認：親子關係中不能取消，也無法躲避的，全部都有純粹實證的天性。不能中止的只有生物上的淵源，或是法律上收養子女時判定的親權。然而，為什麼這個事實也要我們在道德上負責？如果有人想捍衛「血濃於水」的命題，他必須先證明，沒有犯了把實然推論到應然的錯誤，把單純的生物事實歸結到道德規範。然而身為「血親」關係的「親子關係」可能有更多規範力量，不是我們那麼快能想到的。「血濃於水」從道德上來看也許也是對的？為了回答這個問題，我將在下一章探討（血親）親屬關係，而且不論我們對父母有什麼樣的情感，我們一直到死都是某人子女的事實，是否讓我們負上道德責任？如果答案是肯定的，那我們會看到一個強烈的規範，要求子女對父母盡義務，不論他們是否真的跟父母是朋友，義務還是存在。

簡短回顧一下，我在這一章裡探究了親子關係讓子女承擔責任的想法。換句話說，我研究這個關係**本身**是否會造成子女對父母的義務。為瞭解釋這個問題，我研究了另一種私人關係，也就是友誼。朋友間很明顯具有因友誼而產生的義務，因此我們會問，同樣情形是不是也適用於親子。有些孩子真的跟父母是朋友，在這種情形下他們也對父母有義務，但是以朋友的身分，不是以子女的身分。可是，不是所有的孩子跟父母都如此親密。如果把孩子也許虧欠父母的東西詮釋為朋友間的義務，那我們只有替特定的孩子找到義務，也就是那些跟父母是朋友，或是關係緊密的孩子。如果把親子關係理解為類似友誼的關係，我們會發現，這樣的類比在很多層面都不妥當。跟友誼不同的是，親子關係是不對等、非自願的。我們可以逃避朋友間的義務，例如解除彼此之間的關聯，或至少在內心裡保持距離。如果我們不（再）愛了，愛的理由也就不存在。

對於省思親子關係，這樣證明出來的結果不能令人滿意。如果孩子感覺跟父母不是特別親近，那他們也不用負責照顧父母了嗎？我們不是正要為這種情況尋找一個答案，子女到底欠父母什麼？

這裡適合做一點讓步。我說，朋友可以隨時結束友誼以逃避做朋友的義務，當然是把事情說得太簡單了。朋友當然不會一溜煙消失，否則會造成嚴重的誤解。如果只因為太熟而對彼此不再感興趣，或是環境讓友誼變複雜，因而切斷了你我之間的連結，那麼這個人並不明白友誼的真諦：對彼此保持忠誠。蒙田在《友誼》一文中強調得很正確：不承擔任何義務跟真正的友誼是不相容的。[14]

和朋友之間維持沒有約束力的友誼，或是因為友誼中斷而約束力降低，兩者中間有很大的差別。毫無疑問，朋友可以好幾年各過各的生活，或是不斷爭吵，直到當初讓彼此特別關心對方的動機枯竭。友誼變了質，但是雙方不會有相同感受，尤其不會同時感受。因此，友誼與愛情同樣都適用**慣性**定律：我們應該給對方時間體會，導致好感冷卻的原因。那些突然告別，沒有先試圖調解或是發出預警的人，我們有權給予道德上的譴責。也許可以從他的行為推論，他不是真的重視他人，他給人的好感只是虛情假意，讓他的女友誤以為他對她真的有興趣。如果一個人對我們真的很重要，我們不會突然停止為那個人特別付出。

中斷聯絡也是種懦弱的表現，因為不敢面對對方的指責和悲傷。關係親密的人會傷害到彼此，這是每個相愛關係中不利的一面。當我們小心翼翼解除一個親密關係，謹慎地跟以前的朋友和情人來往時，我們必須有勇氣且適當考慮這脆弱易受傷的一面。我將要在下下章討論這個脆弱點在什麼程度上可以成為家庭義務的來源。在那之前，要檢視一下我們的血緣關係。

親屬

蘋果總落在離樹幹不遠的地方。

——諺語

親戚間可以彼此缺乏好感，朋友間卻不行。

——西塞羅（Cicero）

在星際大戰系列的《帝國大反擊》中，達斯・維達和路克・天行者有一次意義重大的會面。達斯受到黑暗勢力誘惑，而路克在正義的一方為拯救達斯奮戰。一場交戰中，達斯企圖將路克拉入黑暗勢力，他向路克承認：「我是你父親。」路克呆掉了。如果他在這個時候無所謂地聳聳肩，毫無惡意地回答：「那又怎樣？」電影將會完全錯失趣味。因為站在他眼前的不只是個黑暗的打手，還是他的親生**父親**，這消息對路克來說意義重大，跟「我們曾經是鄰居」，或「我們曾經一起參加過童子軍」完全不同分量。

誰生了我們，我們是誰的骨肉，對我們來說極為重要。如果我們像路克一樣對自己的出身認知錯誤，認知的更正將會是個重大揭露。認清自己的家世很重要，所以我們也用立法保護：根據聯合國兒童權利公約，每個孩子成年後有權要求查明自己父母的基因身分。如果有人對他的出身說假話，就等於違反了相關條款。但是，為什麼我們對誰究竟是遺傳基因上的父母如此感興趣？難道親屬關係只是為自己的傳記和自我關係提供資訊？或者，親屬關係的規範含括豐富，在道德層面上將血管裡流著「同樣血液」的人綁在一起？

「血濃於水」這句諺語無論如何都暗示著親屬義務。跟其他非親屬相比，我們對父母、兄弟姊妹、表兄弟、阿姨和叔叔等親戚負有較多且不一樣的責任，理由只有一個：他們是家族裡的人，因此相形之下，跟他們連結在一起的方式也更基本。如果把這句名言當真，那親屬關係不只是家世關係，還是個具有規範性的概念，根據家系表上親屬關係的遠近，有合理的要求與義務。血親很明顯能可靠地承載家庭，也會帶來看似無法解脫的約束力。

根據血緣關係的原始理解，它比友誼具有更高的要求。從我們日常用語中可見一斑：如果提到一個交情匪淺的朋友，我們喜歡用家庭關係來比喻交情深度，例如會說「他就像我兄弟」，或者說「她對我而言像個母親」。此外，朋友可以結成「結拜兄弟」，讓彼此關聯在生物學上升級。還是小孩的時候，我們在皮膚上劃出一條小傷口，彼此的手腕緊緊壓在一起，鄭重地誇耀要永遠忠誠。我心中出現卡爾邁（Karl May）小說中的英雄維納圖和老霹靂手，他們歃血為盟，不僅會把最後一件衣服給對方，甚至連生命都可以。「結拜兄弟」不僅願意互相幫助，彼此原諒，一同對抗外人，做朋友一般會做的事。當有嚴重事情發生時，他們也願意為彼此復仇，誓死保護對方。

至於我們到底能不能忍受彼此，是否還有足夠的共同興趣等問題，按照我們的想法，從結拜那一刻起就已經不重要了。感情可以膚淺草率，但是血不會。我們在上一章看到，友誼的特徵是弱規範，透過結拜就會明顯轉變成強規範：就算對彼此的理解動搖，共同的道路考驗著我們，我們必須站在關係這一邊，實現這段關係的要求。看起來，血親的概念正好命中了我們上一章的討論：家庭責任存在與否，跟我們與父母、兄弟姊妹或其他親屬有沒有情感上聯繫無關。血親的存在是事實，既不能選擇，也不能取消，或如西塞羅所說：「親戚間可以彼此缺乏好感，朋友間卻不行。」[1] 對彼此的好感和與日俱增的興趣正是友誼的特徵，也是友誼最基本的條件；相對的，親戚關係完全可以跟情感狀況無關。決定性的問題在於：親屬關係真的會讓我們負擔責任嗎？從道德上來看，血真的濃於水嗎？

這種想法一方面陳腐得無可救藥，沒錯，幾乎是保守派的想法。血親聽起來像血債血償，亂倫，像那些親屬關係分量比個人決定和生命藍圖還要重要的概念，並藉此非法干涉個人的自由領域。除此之外，認為親屬關係本身在道德上很重要的想法，建立在實然—應然的錯誤推論上，也就是把生物（從事實）推導到道德（規範性）。另一方面，根據很多例子，我們至少在直覺上很清楚，親屬關係不論怎麼說都**必須**很重要。要不然我們為什麼會覺得想像孩子被掉包很可怕，並且在閱讀到相關故事時不寒而慄？為什麼聯合國兒童權利公約賦予兒童瞭解自己遺傳基因來源的權利？為什麼很多國家最近禁止匿名捐精？所有這些反應和直覺是否跟啟蒙之前的思考有關，必須去除？血親顯然是現代社會裡的漂礫，把個人視為受約束不自由的個體，一張已經被書寫過的紙，至少無法由自己書寫存在的內容，也不能任意選擇生命中最重要關係中的其中一份關係。

血親意義引發的困惑有很多層面。一開始它的定義就不精準。因為「血親」聽起來不僅像是遠古時期的產物，在現代生殖醫學的時代，這個概念也需要重新釐清。雖然一直以來都有因婚外關係而出現的非親生子，他跟社會關係上的父親在基因上沒有（血緣）親屬關係。但至少母親的身分直到幾十年前一直很明確，也表現在古老法律的「生母恆定原則」（*Mater semper certa est*）：如果不相信母親的陳述，人們無法知道誰是孩子的父親，但是我們卻不用問母親是誰。母親將孩子帶到世上，從生物學的角度來看那無疑是她的孩子。分娩的母親和她的孩子根據定義是血親。但是隨著卵細胞、胚胎細胞捐贈，以及代理孕母出現，這個顛撲不破的法律也過時了。懷孕不再必然有基因上的親屬關係，因此我們要問，二十一世紀的「親屬」概念到底意味什麼，卵細胞的捐贈者跟出生的孩子有親屬關係嗎？從基因來看毫無疑問，但是她也是他的母親嗎？把孩子帶到世上的代理孕母跟孩子有親屬關係嗎？代理孕母和孩子的血液循環是相連的，這層關係是否也造成道德意義上的親屬關係，這點仍有爭議。繼親家庭的成員有什麼程度上的親屬關係？這些家庭裡的孩子們常常一夕之間，在沒被徵詢的情況下成了兄弟姊妹。他們也有親屬關係，但是他們同屬一個家庭嗎？

現今多元的家庭形式明白顯示，基因來源不再是成立家庭的必要條件，而且基本上來說從來也不是：養子，奶媽和繼母由來已久，早在繼親家庭成為話題之前就出現了。[2] 一直也有婦女當代理孕母，替不能生育的夫婦生孩子。我們想像一下舊約聖經中的女僕畢拉，她按照雅各布太太的願望替雅各布生了兩個兒子，或是女奴哈歌爾幫莎拉和亞伯拉罕帶來殷切期盼的後代。所以，有血緣關係的小家庭絕對不是「標準」家庭，相較之下，只是一個歷史不長的理想典型，大約在三百年前才進化成社會裡值得保護的種子。一九五〇及一九六〇年代還受到許多西方工業國家特別保護，將它和具有社會約束力的生涯規劃搭配在一起，用一句口號「愛情，婚姻，嬰兒車」概括起來。[3] 但是現代的生殖醫學加上不斷攀高的離婚率，讓這個理想家庭形式備受威脅，對一些人來說就像決堤前的警告，「遺傳基因秩序」有可能陷入大亂。

究竟警告什麼呢？擔憂當然可能是新的醫學手術還是有隱藏的風險，例如基因缺陷增加，並且可能繼續遺傳下去。雖然風險的範圍不明確，但可能可以用特定條件控制。所以「基因失序」不必然充滿風險。放棄相關「秩序」的警告比較是出於道德上的憂心。美國哲學家大衛．斐勒曼（David Velleman）將擔憂表達如下：因為基因的來源對年輕人有極大的意義，可以幫他學習正確地瞭解自己，並培養出堅定的自我認同，所以血親的範疇不能被淘汰。[4]

瞭解出生背景，對於我們到底是誰這個問題無疑很重要。完全不知道自己的根，也不認識生我們的人，在「尋找自我」的路上就缺了好幾塊拼圖。出生背景當然不限於DNA，也就是對基因的瞭解，而是更為廣泛的訊息：我是在哪裡如何成長的，誰是我的父母和親戚，他們的生活如何，為人怎樣，有什麼糾葛，什麼成就。熟知自己的出生從以前就被當成**自我認識**的一項課題，原生家庭對我們來說像是一面鏡子，透露我們天生具有什麼氣質和本性。藉由鏡子的反照，幫助我們發現一家人相似之處，這些相似處又讓我們用一個嶄新、有見識的眼光看待自己，看自己的邋遢習性，組織天分，沒耐心的傾向。有些人甚至認為，認識家族不僅滿足了反觀自我的功能，也能觀察其他家庭成員。例如斐勒曼強調，要不是他也認識跟長子很像的叔叔，他不會那麼瞭解自己的兒子。透過叔叔本質中反映出來的兒子，他才能完全進入兒子的內心。類似情形也適用於父母和孩子的關係：發現孩子的缺點時，也正是明明白白認清自己怪癖的時候（對父母而言常常不是什麼愉快的事）。

認識身世背景不僅可以用來解構，瞭解我們是誰，或我們做什麼，也可以用來建構。因為，要能先成為某個人和做為某個人，並培養出一個**堅固的自我認同**，斐勒曼認為，必須認識將我們的生命和歷史整合在一起的敘事關係，我們的生命和歷史在大整體背景下才具有特殊意義。因為自主與身分認同不會從天上掉下來，它們一直在與他人劃清界線和與他人爭辯中茁壯。所以，親近的關係至少在某個程度上是形成自我和鞏固自我的先決條件。我是誰的問題也一直在探問歷史、出身和「養成過程」。我們都知道如何編織這種敘事，選擇性地用相關家族歷史佐證自己優點，或是替弱點找藉口：我買了一件洋裝，可是我用不著，我給的理由是，因為我祖父是販售聖加侖蕾絲的商人，我**不免**遺傳到了他對高貴布料的熱情。

在這裡先暫停一下。我在這本書裡探究的問題是成年子女是否特別要對父母負責任。在**交易的觀點**下，用債務和感恩面向並不能給這個問題一個正面答覆，於是我轉向**關係的觀點**，並把親子關係拿出來檢視。現在這章裡要研究的問題是，是否能單就親屬關係，也就是我們是某特定父母的子女，就能說明負有這種特殊責任的理由。當然也會出現到底如何界定「親屬關係」的問題。有一個可想而知的可能性，就是生物學上的關係「血親」，並賦予關係規範的力量。大衛·斐勒曼正是這麼認為：認識近親對自我瞭解和形成堅固的身分認同很重要，因此在道德上也有重要位置。我們之後會看到「社會親屬關係」，也就是在繼親家庭或領養家庭中產生的關係，這樣的關係也有相同的功能。但是我們暫且先留在血親這個主題上，探討它在子女義務上對自我認識和身分認同的重要性。

首先，親屬關係中的道德面向（如果真的存在）似乎只要求父母對子女負責任。根據立場，他們明顯有義務向子女揭示父母的身分，或者親自養育自己生物上的後代。斐勒曼的主張比較強硬：和基因上的父母保持接觸交流，對子女的身分認同及人格發展很重要，所以父母也必須照顧自己的後代。許多領養的子女在成年後會去尋找基因上父母，他把這樣的行為當作命題證據，對他來說跡象很明確，顯示這些領養的子女在尋找一個完整的自我形象和一個敘事認同。對斐勒曼而言，用匿名捐贈的胚胎生孩子會阻斷他們獲知自己生物上的身世，或者用人工方式生產，並企圖讓孩子成長時與基因上的父母分開，這些在道德上都是很棘手的問題。因為這些孩子被剝奪了與親屬來往的機會，無法增進與強化身分認同和自我形象。當然我們不能從這裡推論，斐勒曼堅守的立場是無論何種情況，將孩子送人領養都是錯誤的，他的立場不可信。對於不在期望之下出生的孩子，與其和基因上的父母在一起，讓他在社會父母那邊成長反而最好。斐勒曼只認為，一開始就不讓計畫生下來的孩子在基因父母家庭裡成長是錯的。因此，他主張的立場比聯合國兒童權利公約還要激進，根據公約，每個小孩有權利知道基因父母的身分，但是並沒有要求要跟他們一起生活，在他們那裡成長。[5]

撇開主張哪一種立場的問題不談，孩子是否因為親屬關係而虧欠**他們的**父母什麼？因為達斯．維達揭露了身分，路克．天行者就應該在交戰中饒了達斯？這個問題還沒有澄清。為什麼孩子要因為血液中流著父母的基礎分子就有所虧欠？有一個可想而知的答案：因為血液不是隨便一種液體，而是十足的「生命汁液」，我們從父母那裡得到這種汁液。這種主張又回到了之前的立場，認為孩子要感謝父母賜予生命，並且因為這個原因而有所虧欠。這個立場讓主張有感恩義務的論點有效，而這個論點在第三章曾做了深入討論並且被駁斥。如果親屬關係（或者為了我們的問題再縮小定義為親子關係）本身應該帶有義務，按照我的看法，必須在生命禮物之外找到其他的理由。因此必須繼續提問：身分認同來源的親屬關係，也是在道德上約束親屬的規範來源嗎？

讓我們想像一下，一位年輕女子前不久得知她的父親並不是親生父親。母親在她十八歲的時候向她承認，跟家裡的一位朋友有婚外情。女兒對父母很失望，這些年來一直騙她，她以為她的父親是她「真正」的父親。但是隨著時間過去，她也從失望情緒中走出來，特別是因為父母顯然沒把這件事放在心上。雖然自從母親承認後，她對這位家庭朋友另眼相看，因為她很好奇從這個人身上遺傳到什麼，母親當時又覺得這個人有什麼特別。但是如果認真想，她對他沒有太多感覺，也不想與他進一步接觸。有一天在城裡，她看到一場意外。百貨公司發生瓦斯爆炸導致屋頂塌陷，場面驚險。在受傷想逃出來的人裡面，她一眼認出生物學上的父親。如果她第一個想救的人不是他，不是很奇怪嗎？

雖然女子跟她親生父親沒有關係，但是在我們看來，她想幫助基因上父親的衝動再理所當然不過。如果她沒有這個衝動，我們可能會猜測，她生他的氣並想要報復，或者覺得他罪有應得。在這樣的情形下，她的漠不關心看起來非常奇怪。另舉一個例子，如果我們的祖先名氣響亮，我們卻對遺產棄如敝屣，或是對祖先的成就不屑一顧，那別人有權猜測我們漠不關心的原因，也許是因為我們抱怨家族的過去，有意與家庭劃清界線。或者，我們已經厭倦拿顯赫的祖先做文章。換句話說，平心而論我們當然想瞭解自己的家族歷史和淵源，也會去瞭解。正因為如此，如果路克在電影那一幕聳聳肩，只對父親揭露的祕密回應一句「那又怎樣？」，我們會覺得不合適，甚至荒謬。

我們對自己的出身和家庭歷史，連同對其中曾扮演過或是繼續扮演重要角色的人都很感興趣，這看起來容易理解，但是從這種看似「理所當然的」興趣中，並不能導出道德上的義務。可是那些沒理由就對自己的親戚和家庭歷史漠不關心的人，常常又讓人覺得奇怪。因為關注自己的家庭歷史就能以史為鑒，十分有益於身分認同和提升自我認識，如果有人讓這樣的機會平白流失，我們覺得可惜。但是他們的行為並沒有犯了**道德上**可以譴責的錯誤。如果只因為父母在遺傳基因上是我們的父母，我們並不虧欠他們什麼。

還有一點很重要：很明顯的，對自己出身和身分認同感興趣，那是一種對歷史的興趣。我們想知道，我們如何成為現在的我們，我們歸屬哪一段歷史。這些歷史不僅包括基因上的關係，還有在前面已經提到過的社會相關體系。如果重點在發展自我形象和穩固的身分認同，就不容許把親屬概念和血親緊密結合在一起。因為第一，孩子不僅在家庭關係中，還得透過許多夠紮實且長期的社會關係，使自己的身分認同更明確。第二，家庭也許真的是影響人最深的環境，就算不是建構在基因基礎上也是如此。[6] 無論如何，孩子需要一個持久可靠的關係和穩定的照顧，才能形成一個穩固的身分認同。通常孩子會簡單地覺得並認定，在童年時實現這個角色的人就是父母，所以這些人遠遠不必是基因上的親屬。彩虹家庭、繼親家庭和單親家庭同樣是家庭。二〇一三年日本片《我的意外爸爸》就敘述了這麼一個感人故事：兩個日本家庭的孩子在嬰兒的時候被調換。當事情被發現時，兩個家庭想辦法把孩子「換回來」，結果卻是一場災難，因為兩個男孩繼續把目前為止照顧他們的人當父母。其中一個男孩琉晴在影片中某一段問他的親生父親：「我為什麼要叫你爸爸？我已經有一個爸爸了。」小孩的問題把悲劇搬上檯面。對他來說，他的爸爸自始至終都是那個把他帶大，一直守護在身邊的人，而不是那個突然出現在生活中，並強調是他「原本的」爸爸的人。

所以我們既不需要**基因上的**親屬關係來拓展本身的自我瞭解和身分認同，也不**只有家庭**才是人格基礎的來源。和家庭關係不相干的社會體系中，也會出現能留下影響的儀式和產生認同的敘事，每個曾經以家屬身分一起參加同學會，卻聽不懂這些小學同學使出渾身解數所講的笑話和習慣的人，都明白這種情況。到底最後是天性還是教育，「自然」還是「培育」對我們的影響力比較多？這個老問題至今仍然沒有定論，學術討論對此仍然搖擺不定，方向總是忽變。基因上的敘事不是不重要，但也只是一個因素；可以給予許多幫助，也很珍貴，卻不是形成穩固身分認同和健康人格的十足且必要條件。[7]

還有領養子女常常尋訪親生父母的情況，也不能證明他們在尋找身分認同時缺少了什麼。第一，我們一生中對很多東西感興趣，但是它們對我們的身分認同或是自我瞭解並不重要。領養子女有可能是出於好奇才尋找基因上的父母。第二，也有可能是因為外界一直讓領養子女覺得，在不具有「血親」的家庭成長是一種缺陷，所以才會去尋根。如前所述，家庭的定義並不是價值中立的，而是反映了一個具有規範的理想典型。至於哪種家庭組合才是正確和最好的，至今還議論不休。那些不是來自「正常」家庭的人，常常會得到大家的憐憫。所以，嚮往解開身世之謎，有時候一定也跟想替自己找到一個「正常的家庭組合」的願望有關。

此外，在大多數情形下，探索自己的歷史時內心也會充滿矛盾。原因有很多：第一，我們通常不想只是複製父母親，與人劃清界線屬於成長中的必經經歷。想要成為我們本質中原本的那個人，必須切斷我們的根，並與我們的榜樣和教授我們的東西劃清界線，這甚至可以稱作現代的大工程。康德在他的《什麼是啟蒙？》[8]裡呼籲「不受別人指引」，運用自己的理智在社會裡尋找屬於自身的位置。全新開始，克服出身背景的制約，才是自主的真本事。

然而大悲劇在於，百分之百的自我創造和全新創造完全不可能，因為我們至少會在某一處一直會是自己歷史的俘虜。要突破家庭習慣的力量不是那麼容易。社會學家皮耶・布迪厄（Pierre Bourdieu）用「慣習」（Habitus）來形容這個力量。雖然在法律之前人人平等，成長的環境卻讓我們不平等。因為它的影響刻骨銘心，我們永遠擺脫不了。[9] 就此可以舉出很多例子：童年時我們學到的飲食習慣，通常一生都改變不了；現今的個人財產中，較大部分是靠繼承獲得，不是靠營利；教育機會多寡主要受到父母親的教育程度決定。慣習頑強地烙印在我們的本質上，所以我們不斷延續家庭的缺點、創傷，和畏懼，並傳給下一代。雖然我們可以試著用心理分析來阻擋被壓抑的東西不斷出現，但是我們完全不能擺脫特定的創傷和恐懼，有些甚至會遺傳。[10] 我們儘可以否認、抗拒、壓抑我們的出身背景，但是它不會因此失去強有力的重要性。作家彼得・懷斯把父母稱為我們生命中的「大門口雕像」。[11] 我們無法避開他們，就算把大門切開，他們還是像柱子一樣永遠站在我們生命的開端。

正因為如此，我們會強迫自己去尋找家庭歷史的意義並做分析。因此我們來到第二個原因，為什麼深入研究自己的家庭歷史會因為矛盾而叫停。假若家庭歷史令人不堪回首，或是在自己父母身上發現令人困擾的特性，會害怕把這負面歷史繼續寫下去。有時候我們會說是這個家所擔負的「家族詛咒」。日內瓦記者沙夏・巴揚尼（Sacha Batthyany）在《這跟我有什麼關係？》（*Und was hat das mit mir zu tun?*）一書裡，[12] 闡述了從家族歷史中解脫有多麼困難。自從編輯室同事把一篇名為〈地獄來的女主人〉（*Die Gastgeberin der Hölle*）的文章擺在他桌上，他便開始整理他的家族歷史。文章的主人翁是女伯爵瑪爾吉特・封・巴揚尼─蒂森（Margit von Batthyány-Thyssen），他的叔祖母。一九四五年三月，這位富可敵國的蒂森家族繼承人在她位於奧地利雷荷尼茲（Rechnitz）的城堡舉辦了一場宴會。晚上陸續有一些客人離開晚宴現場，為了消磨時間，這些人射殺了一百八十名猶太籍的強制勞役。他們的墳墓至今仍下落不明。巴揚尼展開調查，訪問他的親戚，前往雷荷尼茲。沒有人知道瑪爾吉特是否直接參與大屠殺，但是她親納粹的思想卻不是祕密。透過寫出這本書，他才明白，對於一個家庭來說，如果自己屬於受害者，要談論自己比較容易。把自己是加害者的身分提出來談論卻很困難。[13] 他也發現：無論如何在自己身上下功夫，如何抗拒，都無法擺脫自己的家庭。這點特別適用於戰爭世代的孩子，但是最新的文獻顯示，就算是孫子輩，他們還是可以感覺到前幾輩的人跟自己的歷史糾結在一起。就像莎賓娜・柏德（Sabine Bode）在《被遺忘的一代》（*Die vergessene Generation*）裡這樣寫到：「我們沒有觀察到比較小的小孩比其他人更難應付一連串可怕的遭遇，因為疲於應付的成年人不能提供他們所需要的安全感和溫暖，來建立心理的穩定性。」[14] 這樣「一連串的可怕遭遇」可能會像繩索般，栓在下面幾代人的身上。

所以家庭有一些不可思議的影響力，無法輕易褪去。如果「血濃於水」這句話成立，那這並不是個好預兆，有時候也是種判決，我們一生努力想逃避的判決，而且每次想逃避都會失敗。甚至不必有屬於這個「家族」的**感覺**，它也能發揮影響力。不管當事者願不願意，這種隸屬關係常常是由外界判定。「蘋果掉落的地方總是離樹幹不遠」，這句話很少是用來形容自己，更常是外人用來強調我們與家庭的相似性，一家人彼此連坐，一起為親屬的歷史負責。所以，家族關係不僅在很高的程度上讓我們產生身分認同，也讓我們很脆弱，像是不容易擺脫的外界看法和隸屬關係。這個特別的家庭脆弱點是下一章討論的主題。

我們可以確定，認識自己出身很重要，但是也可能隱藏著震驚和負擔。不是所有生命中重要的東西都會讓我們幸福。然而由於家世的影響力很大，父母有義務據實以告，尤其當子女請求的時候。但是，我們既然知道了家庭背景對於自我瞭解和我們的出發點問題的意義，然後可以得出什麼結論？由於我們在親屬關係上是某人的孩子，就對她或是他負有特別的責任嗎？

有些人認為這個問題是錯誤的。因為根據他們的看法，主張某些東西能促進身分認同，就表示我們因此也受到道德上的約束。這意謂，身分認同的概念

（我們是什麼和我們的本質是什麼）不能與身分認同連結所產生的特殊責任分離。身為消防隊員，就是要在火災時出勤；身為乾媽，就是要特別關心她的乾兒子。身為兒子或女兒則同樣的，對父母負有特別的責任。

但是現在可以很容易看出來，對於子女義務的想法跟我們在前幾章遇到的唯意志論想法相左。唯意志論主張，只有為了全人類的尊嚴、利益，或是自然權利所負的責任，或是我們在自由行動下對特定人士許下的承諾或保證，才有約束力。乾媽正是這樣，消防隊員也一樣執行了工作任務底下的義務。但是唯意志論的想法也不無爭議，飽受批評之處在於它的基礎，也就是對人類本質的理解。唯意志論對人的認識片面，出發點錯誤，把人當成漂盪的個體，可以在任何時候按照自己的意思負擔義務，然後再解除義務。它對人類的概念太過傾向於原子論，並在霍布斯對人類的想像中達到高峰：人就像從地上冒出來，各自獨立的菇類，[15] 並且否認（如他的批評者所言）我們高度依賴跟其他人的關係。不僅為了求生存，也為了讓自己能發展成具有獨立人格和道德的人，以後才可以自主做決定，行為符合道德規範。

實際上，我們的道德觀念最主要是孩提時代從社會關係中發展並內化出來的。我們必須學習瞭解，其他人也有合法的需求，只有當我們顧慮到別人的時候，才會贏得身為社會一員所需要的尊重。然而，我們卻又只能在跟別人對抗和區別之下成為獨立自主的人。為了發展自主的意見和生活方式，我必須經歷與明白，世上還有其他的人，其他的生活規劃，其他對幸福的看法。英國的十七世紀作家約翰・多恩寫的沒錯，「沒有人是孤島」。[16]所以大至社會團體，小至朋友和家庭，都對我們的道德取向和對個人身分認同有極大的重要性。[17]換句話說，人本就不是獨自生長的菇類，而是如美國哲學家麥可・桑德爾（Michael Sandel）所說的「嵌入式自我」[18]，人不能從那些讓他成長的要素、他的身分和職業中抽離出來。所以桑德爾的想法是，一個人從來不能完全自由地決定想跟誰有約束性關係，並對誰負責任。因為我們最終不能撇開私人關係去瞭解一個人，這些關係總是含括了豐富的道德規範與價值。英國女作家暨哲學家艾瑞絲．梅鐸（Iris Murdoch）貼切表達出這個想法：「我們不是隨便看看，並選擇一些東西，然後再看可以去到哪裡。我們總是被生活裡的關係包得緊緊的，至少我是這樣。」[19]

就此看來，本書一開始的提問也許已經是錯誤的。我們也許根本不用問孩子是否虧欠父母什麼，因為在「親子關係」的概念中就已經包括了這個特殊的子女義務。人類對於個體自由精神的想像是，（描述得稍微誇張一點）個人一直可以選擇自己的目的和目標，並且只對自由意志決定下所產生的責任負責。這種想像受到了批評，因為太低估身分認同中的社會面向，忽略了我們一直是受到約束的，並且「被生活裡的關係包得緊緊的」。[20]身為朋友，女兒或父親，正表示我們要負擔特殊的義務，並且也要以最好的想法實現。最後就像大衛・福斯特・華萊士（David Forster Wallace）對大學畢業生所做的一場知名演說，一條年紀較大的魚從兩條年輕的魚身邊游過，並問他們：「早安，年輕人。這水怎麼樣？」牠們繼續游，一句話也沒有說，直到一條魚有點無助地問另外一條：「水到底是什麼鬼？」[21]有些東西是那麼理所當然，那麼貼近我們和我們的生活圈，以至於不再意識到它們存在。家庭關係以及其具有規範性的蘊含就屬於此類。這也讓我們理解，為什麼我們大都能毫不猶豫地接受「因為家庭責任而耽誤」的理由；家庭優先是再明白不過的道理，質疑這個道理，顯然是不明白家庭是什麼。[22]歐巴馬二〇一六年在芝加哥的卸職演說中感謝他的太太蜜雪兒，在一旁支持他，並把第一夫人的責任執行得非常傑出。他說：「妳接受了妳從未要求的角色。」（You took on a role you didn't ask for）正因為如此，他太太應該得到讚許。[23]某些東西就跟本身一樣簡單，我們不需要對它採取任何態度，只要按章行事就好。

不管這一切現在聽起來多有說服力，但是還有兩個觀點仍然差強人意。有個讓人感到困惑的地方，在這個想像中，負擔義務的理由看起來像是一個循環論點：我們顯然有義務，因為我們是有義務的人。這個論述聽起來空洞。除此之外，我們當然可以採取態度去面對我們擁有的角色和責任，這也正是華萊士演說的重點，鼓勵我們省思標準態度背後的原因和條件，並自己思考。我們讚嘆蜜雪兒．歐巴馬，正是因為她執行了外界加諸在她身上的責任，她當然可以有其他作為（如同新任的美國第一夫人示範的一樣）。如果我們繼續執行所有制式的工作，不加以思索，理由是因為這些工作已步入軌道。這將是臣服於現狀，而現狀有可能帶著歧視與破壞的色彩。長大成人的任務包括，我們嚴厲地審視種種關係、生活經驗和價值觀，也謹慎地考慮自己的計畫和目標。

這也意謂我們可以突破狹隘，有諸多限制的情況，不再毫無怨言地完成家庭對我們的所有期望。家庭不僅是尋找認同上的支柱和避風港，常常也是扣住我們的地方，可能讓人感受到強迫和傷害。我必須承認，受到社群主義啟發的作家如桑德爾和查爾斯．泰勒（Charles Taylor），他們強調社群對我們福祉和身分認同的價值，並反對個人主義絕對化，但是沒有必要否認它。他們完全可以承認，自主和練習自主對我們的生命具有關鍵。他們只駁斥我們在畫板上的空白紙替自己的生命打草稿。根據漢娜．鄂蘭的出生率哲學，孩子雖然是開端，可以從自身發展創造出一些新東西。但是孩子也是「已經開始的開端」，他們的生命與周圍環境和出生的家庭連結在一起。[24]

就算社群主義的思考方向承認，自主與公共精神雖然互相制約，也可能產生衝突，關鍵問題仍是，如何從這些描述中獲得規範。換句話說，指出我們是「重關係的生物」是正確的，我們的身分認同和自主性都大大受到身處的關係網絡影響。但究竟為什麼我必須負起關心這些關係的責任？例如我是瑞士人，如果有人問我是誰，從哪裡來，我大概（至少在國外）會提起我的國籍，但是絕不會從中得到結論，我對我的鄉親或家鄉負有強烈的責任。如果我老是說瑞士的壞話，並且沒有意願幫助在海外向我求助的同胞，或許會有人問我，是否對瑞士沒有認同。但只有在我只想享受瑞士國籍的優點，卻沒有相等行動時（也許還不曾有這樣的感受），人們才可以責怪我。家裡的情形也雷同：子女毫無節制地讓父母當孫子的保母，或是把父母的家當成附有洗衣沙龍的「媽媽飯店」，這時當然不宜責罵父母。但是他們關心父母的理由不是源自親屬關係和留著相同的血液，而是來自現有的關係。如果孩子和父母一樣重視這個關係，他們就會小心翼翼地維持，並且認為自己有責任關心對方，因為他們是心中重要的人。如果關係破裂，缺乏諒解，單單親屬關係也不能產生子女的義務。

現在應該很清楚明白了，不論我們對家庭的評價如何，家庭大幅度塑造了我們。如若家庭歷史以及過去歷史的角色不具有破壞元素，家庭可以為我們確立身分認同，對我們有無比的價值。我們不僅擁有家庭，我們一直也**是家**，因此，輕率地傷害家族，或者忽略它、攻擊它，直到與家人中斷聯絡，都不是明智之舉。媞娜・索利曼（Tina Soliman）在《音訊全無》（*Funkstille*）[25]裡闡述，斷絕聯絡後，常常不僅是離開的人痛苦，留下來的人也痛苦。如果我們完全脫離自己的原生家庭，就好像自己一部分的人格剝落。撇開這個不說，我們永遠無法完全中斷這層關係。因為我們始終會有牽連，家庭關係本身完全不能被解除。

下一章我們將會看到，為什麼父母與子女在家庭關係中特別脆弱易受傷害。很少有人在斷絕關係後還能變得無所謂。正是基於這個理由，只要父母給孩子機會建立並過自己的生活，子女維護與父母之間的關係就是件好事。但是孩子並沒有**責任**這麼做。考慮到我們的幸福和美好生活，我們都有理由和父母維持一個盡可能完善的關係，但是從這些考慮中不能推演出盡義務的道德理由。從事實現抱負的工作，維護友誼，在音樂會、大自然或是博物館裡體驗美感，都會讓生活變得美好。但是我們不會被要求做這些事。對於輕易危害與孩子或與父母之間親屬關係的人，我們可以為了他們的生活幸福提出警告，呼籲他們要有理智。但是，他們並沒有危害道德上的義務。

脆弱點

當我們踏入父母家，進入熟悉的家庭場景。角色分配沒有更動，關鍵字掛在嘴邊，氣氛緊張暗潮洶湧，祕密和沒有說出口的怨言如烈焰燃起，證明了家庭無法遏止的力量。

——蔻妮．帕爾門（Connie Palmen）1

信任必須比愛持久。因為相愛時，我們把珍貴的東西託付給所愛之人，讓他可以在無限期的時間內傷害我們。

——安妮特．拜爾（Annette Baier）2

納維德・柯爾曼尼（Navid Kermani）的小說《所謂巴黎》裡，小學同學優塔向第一人稱的敘述者透露，她沒有通知父母即將舉行的婚禮，事後很後悔。她說，她很慚愧「跳過父母，讓父母擔憂，存疑，不安，不知道女兒的丈夫是誰。還讓他們受到村里閒言閒語」。「但這是妳的婚禮，不是他們的，」敘述者反駁，「妳的生活，不是他們的。」然後優塔回答：「我當時也是這麼想，正是用這句話：我的生活，不是你們的。」「對，那又怎麼樣？」「真是狗屎。」[3]

優塔說「狗屎」的原因在於，她身為女兒卻誤以為她想做什麼就能做。事後意識到她的行為深深傷害到父母，讓他們難堪。與我們關係密切的人有時候會深深受到我們的決定和行為方式影響。所以，深厚的關係不僅能讓我們堅強快樂，也一直是幸福不利的一面，特別容易讓我們受傷：所愛的人不僅能當我們的靠山，讓我們快樂，也會讓我們丟臉，利用、欺騙我們。例如孩子不再關心父母，不再定期問候，這會特別傷他們的心。孩子把家裡的祕密公開在大庭廣眾，等同把父母置於困境；孩子違背了父母朋友圈中一直很重視的基本價值，令父母蒙羞。子女中斷聯絡，父母常常覺得受到嚴重傷害和誤解。自助團體「被遺棄的父母」網頁上，母親和父親敘說斷絕聯絡所引起的驚慌失措：「我一直很心痛，我們沒有一天不想兒子，對他有無盡的思念。」當事者如此描述。「我們一直都只想給他最好的。」[4]在這種情形下，父母會絕望地自問，為什麼孩子會轉過身去，不再珍惜以往相處的時光。子女有權利堅持自由，過自己想過的生活嗎？父母既然特別容易受傷害，所以子女有義務要格外顧慮父母的願望，做決定時也特別考量到他們的利益嗎？

我用這些問題來介紹最後一個看起來最有希望為子女義務奠定理由的建議。因為到這裡之前還有一個問題沒有解決：父母是否可以單單根據自己的身分，合理要求子女盡義務？在過去幾章裡我檢驗了不同的建議，哪些論點可以支持這種特殊義務。所有建議都以不同方式表現出一些特定的合理願望，例如，孩子感覺受到父母極大的恩惠，孩子表現出感恩就很得體；許多人認為，家庭背景大大影響了他的生活與身分認同，特別關心家人對他來說是理所當然的；有些孩子覺得跟父母是好朋友，因此認為應該對父母特別表示關心。但是到目前為止沒有一個建議能說明，孩子因為是父母的子女而對他們有所虧欠。

目前的結果並非微不足道。因為我們盡義務，通常是為了保護重要的東西，而且是絕對、沒有條件，不受個人喜好影響；對所有人而言，家庭關係就是重要的東西。上一章揭示過家庭的重要性，強調出身背景和家庭歷史對自我瞭解的重要。相反的，拒絕子女義務意味讓離開父母家的孩子完全自由，但也包含一個問題：該如何維持與父母的關係？當然這份自由不表示子女可以隨心所欲對待父母，本書也沒有這麼主張。父母除了父母的身分之外，還一直隸屬於道德共同體，我們必須尊敬的對象。例如不能隨意傷害、詆毀他們，或是拒絕施予緊急救護。但是根據現階段狀況，孩子不用對父母承擔義務，給予特別的道德關注。

父母與孩子之間特殊關係的脆弱點有可能會對這個結果造成一點改變。在深究這個問題之前，必須先澄清我說的脆弱點是什麼意思。人類就算跟其他人沒有關係，依然脆弱、容易受傷。如前所述，人類不是自給自足的個體，不是一座孤島，也不是（借用霍布斯的話）獨自存在的菇類。我們更像在生存上相互依賴的脆弱生物，我們會死亡，會生病，也在情感上相互依賴。單單為了我們天生的配備，也就是為了我們的**本體需求**，我們需要保護和照顧，還需要認可和溫柔。[5] 除此之外，我們在**社會上**容易受傷害，可能會因為某些特性和相關的社會標準和公共機構遭到壓迫或隔離。例如社會經濟條件較差的人在許多社會裡死得較早；出生在貧窮家庭的孩子掉入貧窮陷阱的風險，明顯高於在環境優渥家庭成長的孩子。若問道德行為普遍以什麼基礎為準？本體與社會這兩種不同的脆弱概念證明，我們不能首先或完全把人類想成自由獨立的生物，我們是脆弱的。

對於我們在家庭關係中應負擔什麼義務，還有第三個脆弱的概念很重要。這個概念是**有關聯的**，也就是建立在關係上：在每個相愛的關係中，沒有犧牲、委身相待、互相信任，就沒有親密的情感和真實的安全感。這樣的犧牲一直帶有風險，因為可能會失望，被利用和濫用。所以**因關聯產生的脆弱點**必定在心意相連和相互信賴的框架和影響下才會出現，是友誼、親密關係和愛裡面自然產生的不利面。嚴格地說，因關聯產生的脆弱點特別容易感受到悲傷、羞愧、侮辱和其他負面經驗，這是跟人共享親密關係的另一面。

親密關係裡經常伴隨著脆弱點，因此一定會有些人對這樣的關係卻步。因關聯產生的脆弱跟本體及社會性的脆弱點不同，到某個程度上我們可以自由選擇，願意讓別人多靠近，有朝一日能承擔多少傷害。然而，生命裡沒有朋友與愛，人會活得孤單寂寞沒有慰藉，因此亞里斯多德寫道：「沒有人想要過沒有朋友的生活，就算他已經擁有所有其他財產。」[6]因此，大部分的人都願意容忍因關聯產生的脆弱點。另一方面，我們在家庭裡根本沒有太多空間可以決定，是否願意「收購」和容忍親密關係與信賴背面的脆弱點。通常孩子除了愛父母和信賴他們之外，別無選擇。小小孩沒有客觀的理由也會這麼做，就算父母根本沒有能力或是有意願妥當照顧他們，而是忽略他們，甚或是虐待。很幸運的，大部分父母對孩子心懷深深的愛意。如果沒有這樣的感受，至少應該嘗試去培養，因為未成年孩子的生命仰賴父母的愛，也有權要求父母給予關愛。[7]就這點而言，親子關係至少在源頭上是親密的私人關係，連帶會有因為關聯，也就是建立在關係上的脆弱點。

影響每段私人關係的關聯脆弱點在親子關係中會被特別強調。因為親子關係性質特殊，與其他的私人關係不同。我們已經多次談到這些特點。第一，這層關係**無法解除**，至少在形式上無法中止，要擺脫彼此和克服脆弱點也因此加倍困難。當然孩子可以與父母中斷聯絡，父母也可以將孩子逐出家門。但是孩子至死依然是這對特別的父母的女兒或兒子，父母至死也依然是他們的母親或父親。所以如前所述，雖然有前好友、前妻、前伴侶，但是沒有前父，前姊妹或是前女兒。第二，親子關係**無可取代**，如果兒子與父親斷絕了接觸，父親不能再找一個新兒子。這點在某種程度上雖然也適用於所有較深的私人關係，例如情侶也希望視彼此為不可以替代，長年好友大概也覺得不會再有人如此瞭解自己。所以在某種程度上，排他性幾近於真正好關係的「標誌」。形式上當然可能，內容上也許也合適用下面的話語安慰被甩的朋友：「不要難過，反正他不是你的 Mr. Right，遲早你還會再談戀愛，找到一個更適合你的人。」但是完全不適宜跟被女兒遺棄的父母說類似的話，或是說給父親剛過世的朋友聽。我們一旦長大成人，就無法再次開啟新的家庭關係，這讓所有關係的當事人特別脆弱。

單純因為我們是子女，所以在成長路上都帶著一個特別因關係而產生的脆弱點。從這個特殊的脆弱點可以推演出子女的義務嗎？它是子女必須特別關心父母的理由嗎？這個問題當然也針對父母。只要這裡談的脆弱點是共有的，會牽涉到關係雙方的當事人，孩子在父母面前自然就是脆弱的。孩子因此有權在童年以後的階段對父母提出要求嗎？如果孩子早已長大成人，卻不想對自己的生活負責，父母可以將孩子丟出「媽媽飯店」嗎？女兒正在打離婚官司，也在為自己的兒女忙得焦頭爛額，這時候退休的父母可以先犒賞自己一趟環球旅行嗎？父母在子女還是孩童時要負擔許多責任，這件事實不言而喻；在承認父母的身分時，就已經接受了相關的責任。但是當子女成年後，父母就完全自由了嗎？問題很合理，但是超過了本書的範圍，本書的重點在探討子女的義務，而我們現在正進入一個中心議題。

我們已經確定，任何一個親密關係與家庭關係裡都有因關聯產生的脆弱點，就像所謂的背景噪音一樣。但是還沒有解釋因關聯產生的脆弱點要負擔什麼責任。為了回答這個問題，我們必須先仔細體會脆弱點在哪裡。關係有許多面向，能夠產生親密感、信賴和歸屬感，每個面向又跟脆弱點的其他面向有關。我在下面區分出三個面向：因活動計畫產生的脆弱點，因身分認同產生的脆弱點，和因親密關係產生的脆弱點。所有三個面向互相交錯，各自以特別的方式影響每一個關係。

第一個面向，**因活動計畫產生的脆弱點**：關係往往（就算不是必然）跟隨關係人共同關注的活動而來，也許他們定期打球，一起度假，或是星期一一起喝啤酒。親密的本質是雙方或多或少忠實遵守的習慣和儀式，甚至會藉此來定義關係：那是一直跟我玩牌的朋友，那是跟我一樣熱愛音樂的朋友。情侶常常給的分手理由是他們「再也沒有共同點」，這就是關係確實已經走到盡頭的徵兆。因為私人關係裡存在著忠實遵守的共同習慣，所以朋友會在相關的期望上脆弱易受傷。但是，因為有期望，所以也有義務嗎？

對此我們必須區分出真實的約定與習慣。習慣產生要經過長時間，不需要決議。如果朋友間達成協定，或是一起籌備一個計畫，例如一起旅行，參加培訓，分租公寓，然而如果有一個「活動計畫夥伴」退出，他就破壞了協定或是默契。在這種情況下，他當然要為他的退出向被害人解釋和道歉，而且通常還要做更多，也許是補償已經做的投資，或是彌補損失。然而習慣常常會隨著時間凝聚成默契，一種雙方會忠實遵守的儀式，並不需要明確的約定。如同第三章討論的友誼，私人關係主要存在於朋友一起維護共同的習慣和儀式，這會不斷肯定他們之間的關係。培養彼此的興趣與關係會自然而然地產生出習慣。如果有人停下來不繼續，並中斷關係裡熟悉的流程，就可能會讓對方失望，引起對方的關心或責備。行為若是改變了卻不做任何解釋（例如朋友不能再負擔兩個人一起吃飯的餐廳，或是兒子生病，必須取消一年一度的滑雪計畫），朋友會把改變的行為解讀成疏遠，並反應他受了傷。但是我們知道，每個人都有自由，解除一段友誼只要留意被稱作「慣性定律」的原則：我們必須給前男友和前女友時間去瞭解並克服疏遠帶來的傷痛。如果不是真的協議，因活動計畫產生的脆弱點並不會產生道德義務，只會給我們理由去小心處理脆弱點，只要對方是我們長期以來重視的人。

如我們所見，這個過程在家庭關係裡更為複雜，子女往往在成長中涉入從來沒有明定的「約定」裡，之後因為父母的脆弱點不敢讓父母失望，父母又默默認為子女會像他們一樣，把特定的活動計畫放進心裡，或至少共同分擔。早先的年代裡有多少子女不敢跟父母明說，他們不願意接手父親的企業，或是從遠古時代就屬於家族的農莊？又有多少孩子不敢克服內心的恐懼，向父母表明心跡，不願意再延續一項家族傳統，而父母則有可能表示，只是為了子女才會維持這項傳統？父母的期望一直都存在，例如延續特定的儀式，接手一棟房子，或是把家族姓氏傳承下去，這些期望常常會帶來緊張的氣氛和家庭爭端。8

如果孩子沒有被徵詢過意見就被捲入父母的期望，這份期望還跟自己的人生規劃相衝突，他們可以讓父母的期望落空。父母沒有權利要求子女承接並延續傳統，只因為他們自己希望傳統維持下去。孩子們比較想要兄弟姊妹一起兌現共同度假的約定，卻不敢跟父母說；媽媽一直給女兒帶來她不喜歡的餐具；父親為了尊敬母親而邀請大家參加壽宴，每次都慶祝一整個周末——子女都可以大聲明白地對這些事情說「不了，謝謝」。更不用說，父母提醒後代要遵守從來沒有參與過（卻信以為真）的協定是很不公平的，而父母覺得很重要的事卻沒有獲得孩子同等重視，或是孩子打破他們認為真的很重要的傳統，更會令他們失望，痛苦或是蒙羞。但是，子女禮貌地感謝父母的提議之後回絕，這樣做真的足夠嗎？

這尚無定論。讓我們回到《所謂巴黎》裡的優塔：她意識到她的生命以一種特殊方式跟父母綁在一起，這也是為什麼她的決定會對父母有強烈的影響。所以優塔自問，祕婚之事是否要再三考慮？因此我們來到**因關聯產生的脆弱點的第二個面向**，源頭在於家庭關係對大多數人的身分認同來說很**基本**，孩子的所作所為跟父母有關，反之亦然。如果父母不能苟同孩子的主張，許多父母會覺得個人受到冒犯。反過來看，如果父母的行為或政治觀點在孩子看來是偏誤或俗不可耐，孩子會覺得尷尬。一方面這與「友誼」一章裡被我稱作「延伸的身分認同」有關，它可以由外界來歸結，將孩子的行為歸因於父母的個性和教育品質。在這層意義上，孩子可以敗壞門風，讓家族耀眼的名聲蒙羞。如果一個年輕人「系出名門」，我們會覺得他做的事業值得投資，因為我們冀望他會「名副其實」。如果他沒有做到，不僅傷害他的事業發展，也傷害到父母的形象，這個家庭顯然不如外界想像得好，父親也不怎麼樣。

另一方面，許多人對最親密的家庭圈有認同感，不會受到外界看法左右。他們覺得在家裡有歸屬感（我們不會平白無故把家庭成員說成「親屬」），不僅代表有親屬關係，也關乎自我認識、身分認同。身為兄弟、表兄弟和孫子，尤其是兒子或女兒，根據哲學家阿拉斯戴爾・麥金泰爾（Alasdair MacIntyre）的看法，「不是人類偶然的特性，不是為了發掘『真實自我』就必須將此特性去除。它是我本質的一部分。」[9]就這點來說，當我們不僅活出最親密的家庭關係，而我們本身就「是」家庭關係時，親屬的行為方式和決定對我們高度重要。

雖然周遭大多數人對我們的看法會有好有壞，但是我們在友誼中很少會把朋友的惡行歸結到另外一個人的個性上，也不會對他們有強烈的認同感。如果朋友做了我認為不正確的事，我最好把這當作是朋友自己的決定了事。只要他沒有傷害到第三者的道德權利，或是讓我感覺到他嚴重地傷害自己，好朋友可以，也應該對朋友的行為抱持寬容。但有可能會出現這樣的問題：當朋友瘋狂投入一項嗜好，我們抱著最大的善意也無法瞭解他為何沉迷，我們是否還能再說什麼。我們大多沒有批評的理由，最多是遺憾自己不再瞭解朋友。在柯爾曼尼的小說裡，優塔讓父母蒙羞，因為她沒有做到父母期望她做的事。女兒誕生成為村裡的話題，父母深受傷害。優塔的行為真的對父母不公平嗎？請注意，問題不是問優塔是否傷害或侮辱了父母，雖然在小說裡她確實是。要找出子女義務的理由，問題要這麼問：她是否傷害了一個合理的要求？

我認為沒有。因為在小說裡，年輕的優塔有很好的理由遠離家鄉祕婚，沉悶的農村生活和家庭的虔誠信仰令她窒息。除了走自己的路外，她別無選擇。這個「別無選擇」當然不是因為具體有形的不可能。它是一種情況，為了形成自己的身分認同，有時候有必要保持形式上的距離，讓孩子不用一直兼顧父母的感受和願望，並且不讓他們失望。想要被生出來，就要像鳥一樣破殼而出，赫曼・赫塞在《徬徨少年時》裡寫道：「蛋就是世界，而這世界必須瓦解成廢墟」[10]。抗爭極為痛苦，因為誰喜歡摧毀破壞並讓人失望呢？但是我們做為孩子，做為被生出來的人，所有的人都一樣，我們別無選擇，只得做這些：摧毀一個世界，讓願望和期待落空，使我們成為自己想做的人。[11]

成為自己（如親屬那一章所討論）要花很大的工夫行動。因為我們太熟悉孩提時代獲得的角色，在家裡的時候，我們就會一直變回孩子。蔻妮・帕爾門（Connie Palmen）在小說《你說得對》（*Du sagst es*）的一個場景中描述了這情形：故事中的泰德・修斯（Ted Hughes）拜訪父母：「我們踏入父母家，進入熟悉的家庭場景。角色分配沒有更動，關鍵字掛在嘴邊，氣氛緊張暗潮洶湧，祕密和沒有說出口的怨言像烈火熊熊燃起，證明了家庭無法遏止的力量。」[12]如果必須衝破桎梏才能長大成人，子女的義務正好將我們綁住。要不然，我們注定永遠扮演子女的角色。同樣的，父母因身分認同而產生的脆弱點並不意味著，孩子絕不能做任何讓父母羞愧或生氣的事。

必須承認，現代社會表現真實自我的理想「做自己，自主過生活」也有不好的一面，切斷自己的臍帶很費力，規劃自己的人生是一段不斷尋找自我的過程。[13]以前的社會束縛有無法突破的狹隘，人們的生活由外人決定，內心狀態長期不和諧，當然不是較好的選擇。孩子有權切斷自己的臍帶，走自己的路。或許只有讓父母失望才可能辦到。如果父母的期望過高，或是父母為孩子計畫了一條他們不會選擇的路，那父母必定會經歷到孩子會長大並且自己做決定。許多父母在子女的誕生告示中引用了紀伯倫《先知》中激情的語句，很多母親和父親，至少在孩子生命的開端似乎已經意識到「你的孩子不是你的孩子」，詩裡還寫著，「他們雖然和你在一起，卻不屬於你。你可以給他們愛，但別把你的想法給他們，因為他們有自己的想法。」然而如果孩子的想法太任性，父母的慷慨大度很快就會煙消雲散。康德在《道德形上學》裡強調，父母沒有權利把孩子綁在自己的計畫上。相反的，正因為父母沒有經過子女同意就把他們帶到世上，所以康德認為父母有義務儘早培養子女成熟獨立，讓他們成為自由的「世界公民」。[14]那些自以為有權在孩子成年後，還可以告訴他們什麼事該做，什麼事不該做，該怎麼教子女的父母，如果他們的子女拒絕他們不用驚訝，因為他們欠缺對成年子女的尊重。

在優塔的例子上，這並不表示她應該完全不理會父母受了傷。如果她乾脆忽略母親的感受和父親的敏感，事後也沒有謹慎告知她祕密結了婚，當然也是欠缺尊重。身為成年人的我們必須尊重待人，重視別人表現在我們面前的脆弱點，這點同樣適用在鄰居、同事、認識的人，連同我們的父母。如果不能顧慮到別人對我們的願望時，最恰當的行為是表達我們的遺憾。重視沒有實現的願望，意謂著要讓它生效，肯定它是個有效的願望。如此的生效或肯定，完全可以和拒絕實現願望並行不悖，因為它完全不是忽略或否認。

不是每一個願望都是合理的，值得讓它生效。例如跟蹤狂可以要求與心儀的人一起喝咖啡，這當然是不需要被生效的願望，而且可以簡明扼要地回絕。跟蹤狂和母親若有同樣的願望，差別在於，母親有合情合理的理由想跟女兒一起喝咖啡，理由植基於共同的過去和一直維繫的關係。女兒還是可以讓母親願望落空，她可以讓母親知道，她聽到並瞭解她的願望，但是無法實現，也許因為她沒有時間，或者她需要保持距離。所以生效意味著肯定一個願望，並向對方表示重視他的渴望。如果不能滿足願望，我們表達歉意，因為讓對方失望了。這樣的行為跟第三章的主題表達感恩一樣，是社會關係的潤滑劑，也是基本的尊重。但是不能從中導出，對方有權要求我們必須為他們的傷害請求原諒。子女應該要意識到父母特殊的脆弱點，把意識表達出來，並向父母解釋，如果有必要也可以表達遺憾——但是他們可以自行決定自己的生活、想法和品味。

因身分認同產生的脆弱點也會影響到失去親人和與親人分離的方式。自然可以想像，父母會對孩子失去興趣，不再真的重視跟孩子的關係。在這種情形下就很少會出現子女義務的問題，因為這樣的父母根本不希望子女特別關心他們。然而家庭關係破碎通常會是個人生命的重大轉折，伴隨著嚴重的傷痛，悲哀和憤怒。[15] 如前面所描述，這也跟親子關係的特性有關。友誼或是愛情可以分道揚鑣，但是在家庭中無法真的做到，因為我們至死都是某人的孩子，父親或母親。關係除了不能解除之外，也不能取代。如果兒子與父親斷絕聯絡，父親不能找一個新兒子。這裡還多了一個觀點，為破碎的關係添加爆炸性：家庭關係跟友誼不同，是一種法律關係，因此在特別意義上是公開的。但是不適用於其他私人關係。雖然愛情關係可以在民法上登記為婚姻關係，部分可登記為伴侶關係。但是一方面它不具強制性，另一方面，對於用民法來規範伴侶關係也有批判的聲音，要求廢除把婚姻當成法律機構。[16] 相對的，法定的親子關係不能解除。身為孩子不可以跟父母分離，成年後也不能解除生物上的父母身分或是領養關係。在這層關係上，我們真的是終生無法分離。[17]

然而，我們並沒有真正的義務要緊緊守住這個關係。因為我們看到，有時候只有走自己的路才能成為自己，並保護自己不繼續受傷害，而且可能要完全分開才辦得到。父母和孩子關係中的脆弱點是共有的，對雙方都存在，而且身分認同緊緊交纏在一起，所以斷絕關係時，也有可能失去一部分自我。身為人母或人父，女兒或兒子，對大部分人來說是理所當然，不可更換的，跟身為素食者或是《權力遊戲》的粉絲不一樣。此外，幸福的家庭關係是個豐富的資源，能成為許多人的靠山。要斷絕家庭關係，我們當然有很好的理由要再三考慮其嚴重性，不只考慮到我們會加諸在父母身上的傷害，也要考慮到可能會替自己的生命帶來嚴重的斷層。因為就算家庭實質上不存在，它還是一直在我們心中。

如果矛頭倒轉，詢問主張這種義務對父母的生活到底有什麼意義，我們就會更清楚，因身分認同產生的脆弱點不會衍生出義務，而且不是每個傷心委屈都侵害了權利。假設一位鰥夫在妻子去世不久馬上再婚，子女的反應很震驚：他不可以那麼快用一個新人取代母親的位置。或者我們再假設，一位母親在孩子搬出去後，承認她的同性戀傾向並離開丈夫。整個村子都對這件事議論紛紛，孩子所到之處也都被問到母親出櫃之事。在這些例子中，我們會說，父母不應該做這樣的決定讓孩子痛苦嗎？當然不會。成年子女沒有權利要求父母為了他們放棄生命的基本決定。如果事關重大，父母可以讓成年子女失望和受委屈，同樣情形也適用於孩子。所以，從因身分而引起的脆弱點中並不能延伸出義務，以避免在任何情況中受到傷害。但是要遵守尊敬以待的原則，因為他可能要承受苦澀的損失或深刻的痛苦。

就算關係走到了終點，有些東西不會中止，那就是過往歷史的威力。心相愛意相連的人互相傾吐過許多心事，他們會因為長時間以來獲知的私密而容易受傷害。相愛的人熟悉對方的偏好和態度，也知道對方的弱點與黑暗面。他們一起分享成功，在失敗的時候互相扶持。他們訴說祕密，彼此推心置腹。伴隨親密關係而來的就是深刻瞭解另外一個人。內幕消息替這樣的朋友帶來比外人更多資訊上的優勢，要好的時候互相支持，不要好的時候就有機會互相傷害、欺騙，或是利用；局外人絕對不可能有這樣的機會。

這裡要帶進第三個觀點，**因關連產生的脆弱點**是以親密關係為基礎，隨著親密私人關係而來的脆弱點。跟我們親近的人有機會利用共享的親密關係帶來特別的傷害，像是在適當時機說個小評論，對正確的人附帶一提的事，然後付出的信任就被濫用，自己因此丟臉，受貶抑和屈辱。[18]世界文學名著裡充斥這樣的例子，曾經親密熟悉的人把對方準確地交到敵人手中，因為他們認識對方的弱點，利用了因親密關係產生的脆弱點。想一下《尼布龍根之歌》的古德倫，她透過與齊格菲的親密關係得知他身上可以被傷害的地方，齊格菲用讓人刀槍不入的龍血洗澡時，被掉下的椴樹葉遮蓋到的地方。她毫不留情地洩漏齊格菲的弱點，結果他被殺死。歐洲最有名的背叛故事是一個朋友給了關鍵指示，那個人就是猶大，他把耶穌出賣給羅馬人。猶大不是陌生人，因為他跟耶穌走得很近，他才有機會打破信任出賣耶穌。哲學家安妮特・拜爾（Annette Baier）寫得很對：「信任必須比愛持久。因為相愛時，我們把珍貴的東西託付給所愛之人，讓他可以在無限期的時間內傷害我們。」[19]

由親密造成的脆弱點也會影響家庭。父母可能會在自己兒子的婚禮上搬出糗事，可能告訴未來的媳婦，兒子在青少年時種種不堪回首的瑣事。跟我們有過緊密接觸或繼續保持密切關係的人也有可能傷害我們，即使關係結束了，他們造成的脆弱點一直都在。我們不能利用，也不能輕率對待被告知的私密話和過去的歷史。假設一個女兒知道一件父親不承認的恥辱，也就是不曾考過高中聯考。在他的生日宴會上，大家熱烈地討論學校畢業證書對未來職涯的重要性。女兒和父親起爭執，到了某一刻女兒筋疲力盡地大叫：「你沒有概念，你連高中聯考都沒考過，我們大家都知道，一直到今天你都很後悔！」父親的反應是羞愧和受傷，合理地指責女兒：指出親近之人未癒合的傷口是不公平的。

事實上，子女有義務不濫用親密關係和不利用別人的信任，但是這不是特殊的義務。因為不是所有家庭都會分享私密。隨著孩子年紀增長，他們的生命歷程會與父母的相去日遠，私事交流也會越來越少。家人不必然是優先分享私密的對象。另一方面，不濫用關係的理由不是出於親子本身，不是因為我是母親的女兒，所以我不能把她因為信賴我而說的尷尬事情再說出去，而是因為她是人，我洩漏她的私密會損害她，蓄意傷害她，否則親密關係只會讓我們**能**去侮辱或背叛我們的對象。不能利用這種機會的原因，不是因為關係在我們信任瓦解的時候早已不復存在，而是因為一項普遍原則：除非非不得已，否則不可互相傷害。

就算因親密關係產生的脆弱點也沒有子女義務存在，它在家庭關係中還是特別受重視。因為家庭有好幾個人交織，方式跟當朋友不一樣。當母親不慎脫口說出兒子的祕密，不僅傷害到兒子，對他的妻子、姊妹和父親也有負面影響。把家庭描寫成一個系統是對的，而且家庭祕密常常被視為禁忌，揭露這個祕密會傷害整個系統。亂倫可能是家庭祕密中最棘手的，通常會嚴加守密，因為所有能信賴的人也都是關係人，不只是原本的受害者，還有知情者或加害者的關係人角色。這樣的現象也可能出現在朋友圈。但是朋友群體內的關係大多比家庭鬆散，掩護作案人的成效不會同等嚴密。此外我不想主張家庭的脆弱點跟友誼中的脆弱點絕對不一樣。我只想說明，許多家庭裡的脆弱點有特別細微的差別。

在關係中我們不只會傾吐故事與祕密，還會交託物品。如果重點在於恭敬對待彼此，交付遺產在家庭關係裡就扮演了一個有分量的象徵性角色。超大型的碗櫥，碎花沙發，老舊的火車模型，這些父母認為很珍貴的東西都必須保存下來嗎？年輕一代的居住環境常常比父母那一代來得狹窄，因此他們迫切想知道，能不能處理掉不喜歡的遺產。就算託付家族遺產的人已經過世，或者他們完全不會發覺東西已經被送走，但是輕率地把東西丟掉似乎也不恰當。那些覺得把祖母的餐具拿到跳蚤市場賤賣很不孝的孩子，雖然不認為祖母過世後還要繼續對她負責，但是他們不願割捨與祖母相處的回憶，那些故事繼續存在祖母留下的東西裡。

善待遺產有點像是保存住一起度過的時光，並讚賞他人喜愛且覺得珍貴的東西。這麼做的人證明了他的道德敏感度，能小心處裡自己敬重的人的遺產。但是我們絕對沒有義務這麼做。本書也指出一點：對家庭所做的哲學思考不單單侷限於禁令和原則，還綜合了非常複雜的元素，例如敏感度與榮譽，傳統與自我想像，真實自我。最後一章會回來談這些元素。

做個總結：我們說過，私人關係會受到因關連產生的脆弱點影響。脆弱點在父母和孩子之間有很多不同的著重點和尖銳性，這與關係的特性有關，也讓親子關係跟友誼有明顯區分：我們一輩子都是某人的父母和孩子，並與他們分享這份關係；在家庭裡不只和單獨的個人有連結，而是嵌在一個結構裡；我們習慣了部分的責任與義務，但這些從來不是我們可以自己決定的。我們當然應該在行動時思考並顧慮到家庭關係裡的脆弱點，這並不表示我們有責任保持這個關係，或者必須實現與我們生涯規劃相牴觸的父母期望，因為我們會很容易在自我發展和人生規畫上受到傷害。我們當然不能濫用父母從童年以來一直給予的信賴，應當謹慎處理透過愛與信賴所獲得的私密訊息，以便互相支持，施以援手（很多家庭成員都這麼做）。如果利用這些資訊出賣對方，意味濫用別人的信任，等同於做出違反道德的惡劣行徑。[20]

撇開子女不得傷害、侮辱或取笑父母不談，子女就完全自由了嗎？成年子女沒有任何形式的義務要特別照顧父母嗎？哲學家塞馬斯．米勒（Seumas Miller）和麥可．科林瑞奇（Michael Collingridge）講述了下面的故事：陶樂絲喪偶且獨居。看護人員定期來探望她，也有人會為她送食物。她的生理狀況很好，既不健忘，也沒有精神錯亂，但是她幾乎沒有朋友，並且覺得很寂寞。她的女兒就住在附近，但是比較少去拜訪她。一位看護發現，陶樂絲看起來越來越沮喪，她疏於照顧自己，體重也逐漸減輕。他談起這個問題，對此陶樂絲說，她沒有可以親近的人，只希望女兒能常常過來看她。看護因此找機會跟女兒談，但是她的反應冷淡：她的母親對她要求太多，陶樂絲必須學習接受女兒有自己的生活。在這種情形下，女兒是對的嗎？[21]

哲學家西蒙・凱勒（Simon Keller）做的區分有助於回答這個問題：區別**普遍財**和**特別財**。普遍財能滿足人類因為本體脆弱點所產生的需要。我們還記得：因為我們是純粹的人類，因為人的條件（*conditio humana*）會產生脆弱點。陶樂絲需要人為她送飯菜，也可能需要一些照顧與協助。當陶樂絲慢慢變虛弱，她需要做家事的幫手，也許還要有人幫她洗澡和穿衣服。就算陶樂絲比較喜歡讓女兒接手這些事，她的女兒還是可以把這些工作指派給受過專業訓練的人。陶樂絲或許還希望得到一些東西，工作人員即使再努力也無法提供：她也許希望能談談往事；再吃一次以前每個星期天吃的蛋糕；想跟女兒一起像從前一樣裝飾聖誕樹。這些東西就是凱勒所做區分中的特別財，只能由她的女兒送給陶樂絲。特別財的價值主要成立在陶樂絲和女兒之間的關係，在於她們的共同歷史，一起分享的經歷、儀式，和彼此的信任，這所有東西不能指派給別人。凱勒的看法是，孩子虧欠父母這些特別財，因為它們對父母有無與倫比的價值，而且只能從子女那裡得到，所以子女有義務提供這些特別財。因為只有這樣，父母和孩子才能維持特別又寶貴的關係。[22]

凱勒可能有點道理：當然有些事情只能由子女為父母做，因為那些事情是關係的實踐，屬於子女和父母共享的習慣和歷史。許多孩子也堅持實踐，並認為能和父母共有難得且特殊的關係很幸福。除此之外，對很多人而言，被人需要絕對不會只有負擔，還會有很大的喜悅。當人老弱時，陪伴在他們身旁，甚至在臨終時給予關懷，雖然有時候會很悲傷，但是在很多例子裡會讓人覺得堅強，有意義。

然而我們還是沒有義務陪伴在父母身旁。如果子女到我們年老了繼續來探望，和我們維持關係，對陶樂絲和對我們所有人而言當然很美好；但是我們沒有權利要求他們這樣做。如果提供特別財是某人重視關係的表現（凱勒在這點是有道理的），這樣的要求就根本不會出現；如果不認同關係，只想從關係中解脫出來，也就不會兌現特別財。如果女兒心不甘情不願地聽母親說往事，強壓著怒氣裝飾聖誕樹，帶著盡義務的心情拜訪母親，那她並沒有送給母親期望得到的東西。因為我們都有自尊心，不喜歡別人用表面關注欺騙我們。

普遍財完全可以從責任感出發，所以也會出現在雇用關係中；然而要實現特別財，行動者的動機扮演了重要角色。愛、好感和興趣雖然可以受到鼓勵和培養，但是違背自己的意願，強迫自己去做到是不可能的。而且沒有母親會希望女兒是因為覺得自己有責任才出現在眼前。[23]

就目前為止的解釋，如果孩子不虧欠父母什麼，父母就有任務安排好養老計畫，考慮住在哪裡、如何過活，不用倚賴孩子的照顧。父母也需要變換視角：如果子女不虧欠父母，而且是自由的，當他們一離開家這個巢，父母就應該想辦法不倚賴子女。卡謬認為（想法也許有點尖銳），痛苦不會賦予我們權利，而是隱含一個呼籲，要在自己身上下功夫，並克服自己的脆弱點。[24]

脆弱點還揭示了共同生活的另一個面向，也就是幫助的人也很容易受到傷害，像是自我剝削和負擔過重。儘管為別人服務有種種我強調的優點，但還是要考慮到，父母老去時加諸在子女身上的任務可能會是很沉重的負擔，尤其是要求子女也要負擔一般照顧的普遍財。[25]眾人一定會樂見能找到一個社會方案，提供這個普遍財，一方面減輕孩子的負擔，另一方面讓父母脫離依賴。父母也許也不是一直很喜歡依賴。

如此一來，所有的家庭成員才有更多空間，真正地互相扶持，贈與彼此才能給的東西，拿出時間細心經營相處之道，因為脆弱點將我們（孩子和父母）黏在一起。

好孩子

你們可以分道揚鑣，不受另一方的要求約束。無論用什麼形式，這是留在一起的好條件。

——盧迪格・彼特納（Rüdiger Bittner）

二〇一五年冬天，連鎖超市埃德卡（Edeka）發布的廣告引起全世界關注。[1]這部短片的名字是「回家」（#heimkommen），短短幾星期內在YouTube的點閱率就超過四千三百萬。法國、奧地利、澳洲和美國的報紙紛紛撰文討論。這部短片敘述一位富有獨身的祖父，年復一年被兒女和孫子爽約，單獨過聖誕節。為了不讓今年十二月又一人孤單地坐在聖誕樹下，他開了一個令人心裡發毛的玩笑：把自己的訃聞寄給孩子。當一家人從全世界各地趕來參加葬禮的時候，卻在裝飾熱鬧的房間裡撞見原本以為去世的父親：「要不然我該如何把你們全部聚在一起？」接下來是寬慰的眼淚，真心的擁抱，和一桌在輕鬆熟悉氣氛下享用的耶誕大餐。

廣告雖然媚俗，但是很感人。不僅是因為故事編排精采，尤其是因為我們內心深處大都眷戀親密的家庭聚會，思念那不拘束、理所當然的真誠。只有在長期關係中才可能有這種真誠。所有的幸福家庭都這般相似，如托爾斯泰在

《安娜．卡列尼娜》著名的開頭中註解：「所有幸福的家庭彼此相似，每個不幸的家庭都有自己不幸的方式。」耶誕節，完美的家庭慶典，這個季節特別容易讓人嚮往家庭幸福。我們希望能理所當然地被一個圈子接受，圈子裡都是熟識的人，不需要偽裝；我們已經彼此擁有，不需要被征服。

這隻超市短片顯示，真正的「回家」不侷限在找到成長之地，回家的本質是回到我們很早以前就存在的關係中。廣告的歌詞很貼切：「我以為家只是幾道熟悉的牆，但事實是，沒有你的家沒有意義。」家和故鄉不是只有熟悉的四面牆，還具備了家庭關係。影片結尾用雙重方式演示，滿是自己所愛的人的房子有多大的重要性與散發力，一直會是你溫暖的窩：老先生不再一個人慶祝耶誕節，自己的孩子、孩子的孩子圍繞著他。另一方面，只能用技巧聚在一起的一家人不再為父親悲傷。畫面呈現一個歡樂的大家庭，家人彼此珍惜、瞭解，所有的人都感覺到幸福。

所以家庭意味著很大的幸福和團結支持的力量，每個人都樂於回去給予安全感的家。但是本書的出發點是，家庭不必然是，也不是任何時候都能理解和保護我們的地方。一般來說每個人都「有」家，不必費力，家就是存在。但是對有些人來說，他們曾經擁有的家代表冷漠、痛苦和不被瞭解，那裡沒有溫暖和安全感。有時候這種負面印象從小就開始，有時候在成年以後才產生，也有可能是階段性的。可以肯定的是，不是所有家庭都是幸福家庭。遇到難關時，只有極少數家庭能夠完全沒有危機，家人也沒有彼此疏遠地度過。

家庭能否長期幸福受到很多因素影響。其中有外在和內在因素，很多因素我們已經在書裡談過：父母經濟狀況不佳，連自己的需求都無法滿足，又能如何適當照料孩子？父母被孩子的疾病或是社會問題壓得喘不過氣來，該如何找到力量，讓自己一直保有耐心與愛心？若是外在因素危害到家庭幸福，國家和市民社會至少可以給予支持以減輕負擔，可是當事人常常覺得自己負擔過重，孤立無援。這不僅適用於教育工作過重的父母，也適用於要照顧自己的家庭與工作，還要照顧年邁父母的成年子女。思考親子關係可以讓我們知道，我們所有人在這層特殊關係裡有多脆弱，不斷在關係裡看見失去、過重的負擔、罪惡感。所以我們要把各年齡層有特別問題的家人（生病的孩子，誤入歧途的青少年，失智的父母，臨終的親屬，生病需要看護的孫子）當作整體社會更需要關切的事，給予支持，讓他們可以體會到家不是一個負擔，而是一個有安全感的地方。

但是家庭的幸福絕對不是只由外界創造，極高程度還受到內在、關係內部的因素影響，以及家庭成員看待彼此的方式。我在這本書裡特別研究關係內部的因素。家庭成員的相處對日後關係影響很大，尤其是童年時期，因為孩童極依賴他們的關係人，而且不能保護自己不受到羞辱、忽略，或嚴厲的管教。家庭成員的相處也會影響父母與子女地位平等的階段，父母有時候不能接受兒子或女兒現在很自由，過自己的生活，卻罔顧他們的期望。這時候就不免會產生摩擦、危機、裂痕。撇開這些因素不談，家庭幸福也有點是命定的：我不能自己挑選同在這個小窩裡的人，也不會知道相處會不會和諧，能不能彼此配合。因為家庭是隨機組成的命運團體，不是選擇性的親屬關係，可以尋找志同道合的人，自願拉近彼此的關係。我們從小就有家庭，我們湊巧進入這個人際圈，必須彼此妥協。煩人的兄弟，頑固的父親，自憐自艾的母親，也許還有寬厚的祖母，親愛的姊妹，打心底佩服的叔叔，也都屬於我們的家庭。

儘管是出於命運安排，父母有可能無法勝任任務，或是外在環境會破壞家庭幸福，家庭還是可能幸福美滿。在很多例子中都可以證明，原生家庭可以是隨時都可以回去的溫暖小窩。即使如此，家人的希望、需求和期待還是可能出現分歧。這時候他們會問自己：要多體諒家人，為他們做多少犧牲，該表達多少忠誠與責任感。埃德卡的廣告中也提出這個議題：片頭孩子在答錄機裡留言給父親，他們今年很可惜也不能回去慶祝；他們的惋惜，我們完全能接受。他們顯然被工作要求、孩子的需要包夾得喘不過氣來，也許他們渴望待在家裡，不想遠行。然而片中的孩子跟父親的關係很好，所以他們也可能受到良心折磨，問自己：我可以又讓老爸一個人過聖誕節嗎？我是不是應該常常拜訪他，或者舉家搬到他家附近？這些問題表示，這不是一個「壞」家庭，每個私人關係裡都會有這樣的問題，特別是家庭關係。

我們在上一章已經看到，特別親密的家庭關係會讓家人之間造成的傷害特別深。失望、羞愧、悲傷和良心不安，在家庭裡揮之不去。不斷會有新問題出現：我們打電話回家的次數真的夠多嗎？女兒一定要把繼承的櫃子送走嗎？兒子非得要跟酒吧女談戀愛嗎？我們思考過父母和子女之間常出現的特殊脆弱點，所以知道：一般而言父母不是子女的朋友，可以跟他們單純地澄清誤會。也不像朋友一樣，因為彼此沒有那麼多共同點，或是變陌生了可以慢慢疏離，各過各的生活。「慢慢停止」的策略不強迫突然中斷關係，而是讓之前密切的關係漸漸冷卻，對家庭來說不是真正中止關係的辦法。原因在於我曾經描述過的脆弱點，也就是家庭是父母和子女身分認同的大部分來源；我們不能解散家庭，在很多例子裡，家庭甚至深入血與肉；關係的裡規則能讓共同的生活運轉，但是這些規則不是平等協商出來的，而是由習慣、沒有明說的期待和傳統角色分配所形成，孩子大多沒有置喙的餘地。

儘管有這個脆弱點，儘管許多父母希望自己的子女能一輩子關心他們，照顧他們，但是我走筆至此獲得這樣的結論：身為父母的子女，孩子並不虧欠什麼。所以本書否認**子女義務**的存在，一種**單純因為子女是父母的孩子**而要對父母負擔的義務。

這絕對不表示，家庭是不受道德約束的地帶。正好相反。我不斷在重申一件事：在關係裡，正因為有因關聯產生的脆弱點，也就是因為依賴關係、共同的身分認同與親密關係，被剝削或是信任被濫用的危險會提高。這些情況出現在所有關係中都是卑鄙下流違反道德的，家庭關係也不例外。在家裡當然也必須對彼此有基本尊重，基本的尊重禁止我們故意傷害對方，例如利用親密關係或是濫用別人的信賴。不是因為我們身為孩子和父母才必須這樣對待彼此，而是因為我們是有尊嚴的人，是道德共同體裡的成員。家庭的形勢只會讓我們可以輕易地傷人，背叛人，讓人失望，但沒辦法說明子女有理由盡義務，特別要照顧父母，跟他們保持聯絡，或是以他們的價值為依歸。

絕大多數的父母在孩子身上做了大投資，為了孩子，他們的生活做了一百八十度大轉變，不斷地擔憂操心，承擔財務上的損失。那些有快樂童年，父母既可靠又有愛心的孩子，會對父母懷感恩之心，也覺得需要向父母表達謝意；看起來不僅理所當然，而且恰如其分。但是不能從中推演出他們欠父母什麼，也不表示因為心懷感恩，所以要滿足父母特定的要求。

親屬關係裡也無法推演出子女義務。雖然大部分孩子對自己的出身背景感興趣，連帶對自己的家族歷史感興趣。基於這個理由，父母有責任向後代詳述他們的身世。因為關係對自我瞭解和人格發展至關重要，此點毋庸置疑，所以一旦關係瓦解了，我們會特別脆弱。就連那些覺得父母很陌生的孩子，和那些與父母斷絕往來的孩子，在父母去世的時候都會感到悲傷。作家彼得．懷斯小時候在父母嚴厲冷冰的管教下過得很痛苦，他在《與父母道別》的開頭寫道：「我常常試著跟母親的形象和父親的形象抗爭，在暴動與臣服之間窺測。我從來不能理解和解釋這兩座站在我生命大門口的雕像。他們幾乎同時去世，而我看到我跟他們是如此生疏。我悲傷，並不是為了他們，因為我幾乎不認識他們。我哀悼我曾經錯過的事，我的童年和青少年被無聊的空洞包圍。我哀悼一件事，我發現家庭成員幾十年來堅守在一起，卻沒有辦法一起生活。我哀悼一切太晚了，我們兄弟姊妹聚集在墓旁，然後又分道揚鑣各過各的生活。」[2]縱使有時候斷絕往來是唯一可以為自己規劃、過自己生活的機會，但是仍然會留下一個難以消除的空白。因為我們無法完全切斷家庭關係。因此，維持關係的責任並不存在。

我們討論成年子女應該對父母採取什麼態度，得到這個否定的結論：子女不欠父母什麼。討論已經走到了終點，然而結論怎麼看都不是很令人滿意。本書不僅強調了家庭成員對彼此會有的特殊脆弱點，也強調了家庭無與倫比的重要性：家庭可以撫慰溫暖我們，支持我們，喚起體諒的心，家庭可以接受我們原本的模樣。如果繼續頑固地拒絕承認我們有維持和培養這段關係的道德義務，似乎不是個完美的解決方法。

如果我們問，外界加諸在我們身上如此獨一特有的關係，我們應該採取什麼態度？回答這個問題要注意一件事，那就是家庭有潛力成為給予肯定、身分認同和幸福的泉源，其他的關係無法比擬。鑒於這份潛力，如果我們沒有試著去打開這個「寶庫」，讓幸福機會擦身而過是很不智的。雖然不是所有的家庭都有這股潛力，有些家庭已經支離破碎，無法給予幸福、和睦與安全感。但是，就算只有一點希望的火花，身為父母子女的我們還是要一輩子努力，小心保護這火花，甚至讓它大放光明。這麼做並不是因為這是義務，不是我們欠父母的，而是因為與自己的家庭盡棄前嫌和睦相處，對我們自己有好處。家庭不僅能給我們安全感和肯定，還有更多優點，這些優點奠基於家庭強迫施加在我們身上的連結。

至於其他的關係，我們不僅**可以**選擇，甚至**必須**選擇。如果沒有選擇朋友、選擇生活方式、選擇工作、選擇關係，只會剩下一個沒有特色的人。在這層意義上，沙特形容人類「被判決要自由」，自我生存需要不斷自我規劃，因此是一份艱苦的工作。[3] 這也適用於關係：如果可以選擇，我們應該跟誰結婚？如果選擇過程永遠沒有盡頭？在我們的世界裡，人生伴侶對很多人來說變成人生階段伴侶，許多全球的工作遊牧民族也不斷在換朋友。自由有許多優點，卻是一項艱鉅的任務。在多元立場社會裡，有些人感受到的是抉擇的痛苦，不是機會。有些哲學家和社會學家主張，由於太過於自由，我們的社會已經退化成「疲憊社會」[4]，社會裡的個人再度希望簡單地存在，不再想必須成為什麼。在這樣的氛圍下，家庭概念簡直就是完美的減壓計畫：不需要費盡苦心成為女兒和兒子，我們一直就是；不用絞盡腦汁尋找父母，從我們能思考以來，他們就在那裡。對於家庭，我們絕對沒有現代社會中抉擇的痛苦。

另外還要考慮到，所有其他的關係可以選擇，**不會**中選或是被選中以後被**退選**。就算是好朋友和生活伴侶也會出現像是朋友絕交、情侶分手這類「不測」。因此美國哲學家克勞蒂亞・米斯（Claudia Mills）指出，我們應該看出一個價值，那就是通常在家庭關係中，我們能接受到無條件的愛。按照她的看法，無條件的來由並非出於自願，說得更確切一點，是因為家庭關係不能選擇。正因為家庭成員不能挑選，關係是不自由的，所以我們也不能對彼此提出條件。米斯說，我們「被給」了彼此，因此必須互相容忍。雖然在個例上可能會有缺點，然而我們不需要努力爭取就能擁有家裡蘊藏的愛，就算犯了錯誤也不會失去，因此，這是豐盛的財富。[5]特別在這個年代，人們在越來越多生活領域裡追求完美和評鑑，像是以色列社會學家伊娃・易洛斯（Eva Illouz）在《愛為什麼痛》[6]裡描寫的。因為人總是感覺在跟條件更好的人競爭，因此簡單做自己，不像談戀愛那樣一直想表現出最好的一面，也許會得到真實的幸福。

另外，非自願的家庭關係也強迫我們跟現實妥協。這可以看成是剝奪自由，也可以看成是訓練開明精神的實驗室。因為在這廣大世界裡，我們大可以避不見面各走各的，把時間留給少數與我們志同道合的人。我們大多依照好感挑同伴，導致常常處在過濾氣泡裡，生活在狹窄的同溫層內，把自己抗拒的多色彩世界驅逐於外。如果一個社會可以讓我們海選同道中人，然後一起躲進一個封閉的俱樂部，繼續肯定彼此相信且知道的事，這樣的社會會一直是個「支持狹隘性」的社會。

在家裡就像在小村子裡或是社團裡，我們都沒得挑選，也不能完全迴避。相遇有時候非常耗費心力，尤其是對立爭吵的時候，但也會讓我們眼界大開。英國作家G．K．切斯特頓（Gilbert Keith Chesterton）認為，現代人付出所有努力，是為了從自己居住的巷弄、村子、家庭裡走出來，因為那些業已熟稔東西讓他們無聊、狹隘、目光短淺。但實際上切斯特頓說，逃出村子就像逃離親屬，因為他們太令人反感。每個大家庭裡總有古怪或不討人喜歡的傢伙，他們挑戰我們的信念，或質疑我們的世界觀。單單在我的大家族裡就有虔誠的教徒和無神論者，保守的右翼份子和尖銳的左派，社會化的人和離經叛道的人。我在真實生活中很少遇到像他們這樣的人，而且我也不會把他們都當成朋友。有些人可能會覺得這本書很可怕，或者他們根本不看書。但是生活就是由他們組成的，生活中的對立衝突也是。我有自己找的同伴，若我有了改變也常常換夥伴；他們對我有好處，因為他們肯定當時的我和我的想法，但是不會在精神智力上與我競爭，誘出我的潛力，用他們完全不同的觀點挑戰我。所以切斯特頓是對的，「我們怕鄰居不是因為他們視野狹隘，而是因為他們對擴展我們的視野具有強烈偏好。」[7]在這層意義上家庭就好比鄰居，他們製造摩擦，抗拒我們的價值觀和想法，所以是一份財富。

有充分的理由可以說明，努力與父母維持一個清楚友好的關係對我們有好處，因為幸福的家庭可以促進美好有意義的人生。然而，真的只有在考慮到自己的美好生活，才找到理由去關心父母，並努力讓家庭幸福嗎？我們思考子女應該對父母採取什麼態度，難道就侷限在子女義務的考量，或是對自己利益的考量嗎？

我認為不是。因為這兩個視角還沒有深探到整個親子關係的倫理層面。指出離開家可能會付出多少代價，沒有家的孩子會失去什麼，這些固然很重要。所以我在最後一章把自身利益和幸福人生帶入討論。但是，可能存在的義務是更基本的問題，所以我把全書的主要注意力集中在這個問題上。我們的義務標明了所有必須完成、給予和做到的事，以及沒有達成時不需要道歉的事。然而就算我們澄清了義務問題，在許多方面能問心無愧地以子女身分面對與父母的關係，心中仍然可能有一些無助和不滿足。如果要討論我們對父母該抱持何種態度，顯然不侷限於討論欠他們什麼，或是這樣做對我們有什麼好處。我們會探詢更廣泛的意義：什麼樣才是**好女兒**、**好兒子**？

有一點很清楚：幸福關係不光取決於外在因素，還有結合在關係內的人的行為。現在很多人心中都嚮往幸福的家庭關係，想在一天結束時，能看著鏡子對自己說，我為這份幸福盡了力。不是因為**必須**，而是**想做**，**因為好生活裡不是只有道德和盡義務，還要有靈活的手腕，熟練地維持關係，做好我們想做的事**。

換句話說，重點不只在於做乖女兒，用鋼鐵般的紀律完成義務，也要做一個好女兒，問自己可以貢獻什麼讓關係變美滿。

用哲學的觀點來說，這些問題涉及**德行倫理學**。德行倫理擴張了道德範疇，更廣泛地理解倫理。在嚴格的意義上，道德特別講求權利與義務。倫理則把視線導引到：如何取得最好的結果，並實現我們最好的一面。例如哲學家如亞里斯多德、塞內卡和蒙田都有在問，什麼樣的朋友是好朋友，他的本領在哪裡，或者他的性格如何，讓他在危機中依然堅持本色。類似問題也會出現在思考愛情關係時：我們當然不會只問相愛的兩人彼此負有什麼義務和擁有什麼權利，是否可以出軌，如果有外遇是否必須向對方懺悔。我們也會問，在愛情關係裡如何做到這些：配偶有了外遇，如何還能繼續在一起？兩個相愛的人在一起幾十年如何還能吸引對方，讓對方覺得有趣？當然也可以針對家庭提出同樣的問題：如何替大家找出關係中最美最好的一面？如何讓關係持久？女兒做什麼，不做什麼，我們會說她掌握到當女兒的訣竅？我們讚嘆一個兒子自信從容，在風雨飄搖時展現出堅強的性格，這就算是個好兒子嗎？從哪裡可以看出「好孩子」的特點？怎樣才是好母親、好父親、好乾媽、好哥哥？

如同托爾斯泰的名言，不幸的家庭關係很少有普遍性；他們的關係失敗了，方式卻有很大的區別。若想做個好孩子，想為家裡分憂，並重視家庭關係和諧，到目前為止的討論中可以歸納出幾點應該注意的普遍原則。第一，好孩子一定知道父母面對他們的特殊脆弱點。在問自己該採取什麼態度時，他會一直考慮到父母因關係而產生的脆弱點。這不表示我們必須順從地達成父母所有的要求。不能滿足父母的願望，讓他們希望落空，並沒有違反道德上的義務。但若行為漫不經心，或是理由老套讓父母失望，就應該受到批評。這不符合好孩子的作為。好孩子考慮得更多，他會考慮到什麼有可能傷害到父母，謹慎地採取行動，而且不會忘記考慮到自己。

第二，好孩子清楚他對父母有多重要。父母與孩子當然可以和平過自己的生活，但是例子應該非常少。孩子和父母在很多方面是「命運共同體」，他們無法選擇彼此，是命運或偶然讓他們在一起，成為現在的樣子。其他人的情況也沒跟他們差多少，人們都是由於共同經歷在一起，形成一個團體。想像一個由四人組成的小團體，他們是一場飛機失事的倖存者。遠超過兩百五十名乘客喪生，組員也是，只有這四名乘客幸運逃過一劫。從現在起，只有他們四個人共同擁有墜機前的記憶，故障，衝擊，之後的死寂。他們定期聚會，談論往事，幫助彼此度過困難的第一年，安慰在這場災難裡失去親屬和朋友的人。但是時間一長，四人中有一個人不再對聚會有興趣。他是所有倖存者中最能走出過去的人，除了這場事故外，他對其他三個人不是特別感興趣。然而他還是繼續參加聚會，沒有中斷聯絡，因為他瞭解他對這個團體很重要。他沒有義務繼續維持聯絡，也沒有人有權要求他出席。但是我們會說，他繼續參加聚會，這是遠遠超過友好的表現。他瞭解他對這個團體的重要，這種敏感的心思值得讚賞。

第三點，好孩子不僅重視父母，也重視自己，並清楚自己的需求。我們很少會讚嘆那些放棄自己，讓自己被剝削和不重視自己的人，除非他們是迫於無奈，並毫無怨言地接受命運安排。我們可以互相幫忙，不吝惜付出友善與好意，但也會發展出現在常見的「幫手症候群」，得到這個症狀的人大都不會獲得太多讚揚。討論脆弱點的那章裡談到，家裡互相幫忙的義務會讓人覺得吃不消，因為我們很難與近親的痛苦和無助劃清界線。這點不僅適用於孩子該盡多少力協助老邁父母的問題，也適用於許多犧牲自己照顧孩子，或是在很多例子中還照顧孫子的父母。互相照顧、感覺被需要和彼此親切關懷，會讓人感覺到幸福，很多人都不想錯過。但是如果對方的期待超出我們的意願時，期待就會讓人痛苦、難以承受。而且在家庭裡，由於是共享的關係，許多人會不離不棄。被人視為道德學家的康德就不斷指出，幫助的人會有負荷過重的危險。他警告，有德行且正直的生活要求所有人互相幫忙，但是幫助不該超過界限，否則就是不尊重自己，讓自己成為被別人需求操縱的人偶，到最後因為犧牲太過而成為別人的負擔。[8]

第四點，好孩子知道家庭是個結。在家庭裡我們很少能自作主張，每一個決定都會牽涉到他人。如果女兒跟父親吵翻了，也會影響到母親、兄弟姊妹和自己的孩子；如果兒子洩漏了母親保護好的祕密，會讓父親蒙羞，也有可能讓孫子蒙羞。但是這並不表示，因為這層纏繞在一起的關係，我們就有責任在任何情形下都得考慮到家庭。有時候有必要把家人的脆弱點放在一邊，因為彼此的糾結，常常讓家庭祕密變成所有當事人的夢魘。如果有人重視良好的家庭關係，那他必須考慮到，跟一個人吵架也會考驗到家裡其他人的忠誠，造成整個系統的負擔。沒有理由就做，對其必要性沒有深思熟慮，都不值得褒揚。

第五，要成為好女兒或是好兒子，對面也必須站著好父母：以尊敬和友善態度面對自己子女的成年人。我們在因關聯產生的脆弱點那裡看到，不是只有父母面對子女時容易失望、羞愧，或是剝削，子女面對父母時也一樣。如果父母看不到孩子的願望，忽略他們的期待，有一天孩子為了保護脆弱的自己而疏遠距離，父母也不用驚訝。雖然人在關係裡有時候能超越自己，變得比對方更寬宏大量，但是只有極少數人可以長期做得到。每個關係都是施與受，整體上必須維持平衡——這句話是老生常談，但還是很貼切。而且在每個關係中必須給對方發展自我的空間。瑞士作家馬克思・弗里施（Max Frisch）在劇作《一生》裡問：「為什麼我們一直在設限。我侷限你，你侷限我。為什麼所有可能對我們來說都變得狹隘了。」[9]這些話道出了很大的絕望，伴侶有時候不能夠給雙方需要的空間發展自己。但這是親子關係中最基本的，為了長大成人，孩子必須在生命中所有重要範疇中成長和改變。如果父母不尊重孩子這個必要的發展，親子關係就不會成功。因為孩子找不到一個可以成為好孩子的條件。

所以我認為：**孩子不欠父母什麼，但是應該努力做個好孩子**。但是孩子不可能一直達成目標，尤其我們沒有人可以在所有領域中都很傑出，我們一生迫不得已會不斷在追尋理想上失敗。「沒有人能夠一直保持自己的標準……有時候永遠達不到自己想達到的水平。」[10]但是不用大驚小怪。我們之所以有理想，是為了有個看齊的對象，而不是為了時時刻刻達成它。

我認為這樣的親子倫理最能令人信服，也最能讓那些美好事物獲得空間，為了它們，我們才會珍惜私人關係。當我們自願活在一個關係裡，我們會為這份關係投注時間與關懷。如果孩子自動自發回家與父母一起過節一定會更開心，勝過被電話轟炸，受到鋪天蓋地的指責和要求。埃德卡廣告的祖父被部分新聞媒體嚴厲批評，是因為他用一個不好笑的玩笑把孩子聚在一起。如果他用責備的口吻打電話，子女可能都不會來。也許有時候就是需要一個堅定的請求，把我們從一成不變中解放出來，再次感受他人的需求。如果也能夠擺脫**應該**通電話、拜訪和關心的想法，就可以用成人的方式，自願給予對方不應該要求但是應該得到的關注。我們會得到更多心中期待的關注，也會更自由地自願給予關注。

我們要好好思考，如果不珍惜也不維護家庭關係，我們放棄掉了什麼東西。朋友不是更好的家人。他們不是比較沒有價值，只是他們不能取代家人。

家庭裡「事實的異味」不必一直是苦的。只要有意識地與家族緊密結合，謹慎地處理這關係，家庭中的苦澀感就會消失。本書重點在討論這層緊密結合的關係，沒有把家庭概念浪漫化，也沒有反駁它是個古老體系。在這個時代，個人習慣規劃自己的生涯，盡可能自由地選擇一切並獨力走自己的路，家庭像是錯置年代了。然而原生家庭裡隱藏著機會，在不能選擇和非自願的情形下，感受到毫無條件被接納的感覺。

這樣的近距離會一直是像是走鋼索。十九世紀哲學家叔本華在豪豬的故事裡找到一個非常棒的比喻：一群豪豬在冰冷的冬天擠在一起取暖，這些動物凍得不得了。受嚴寒逼迫，牠們越擠越近，以便感受其他動物的溫暖並避免自己凍僵。然而越靠近彼此，牠們越容易被鄰居的刺刺到。因為退開會受到凍死的威脅，所以牠們不斷更動彼此距離，直到終於找到一個能忍受的距離，介於太遠會受寒，太少又會痛之間。[11]這群豪豬對叔本華來說，是我們整體社會的比喻。

我認為，這個比喻也很適合形容家庭。

致謝

我要感謝瑞士廣播電視台（SRF）「哲學的偉大時刻」編輯部的Judith Hardegger給我空間，在編輯工作之餘還能寫作這本書。也感謝蘇黎世大學倫理中心的長年款待，還有Markus Huppenbauer以及大學倫理學研究多年來給予的資助。

我要感謝Monika Betzler，Magdalena Hoffmann和Jörg Löschke，我們一起在伯恩大學裡一個由瑞士國家基金（SNF）補助的家庭關係倫理計畫中共事，並針對這個主題做了非常有啟發性的哲學交流。我也一直要感謝Peter Schaber，跟他談話總能讓我茅塞頓開，帶給我新的哲學靈感。也要感謝Holger Baumann給我的明智建議，以及在本書寫作過程中所展現的開朗從容。我也感謝Anna Engler，Stefan Riedener，Olivia Röllin，Urs Siegfried和Eva Weber-Guskar對每個章節所下的有益評論。

感謝編輯Florian Kessler細心的閱讀，在本書成形中的每一刻都展現出親切友好；我不能期望有更好的編輯了。我還感謝Heike Specht長年來給我的支持和寶貴建議。

衷心感謝Susanne Boshammer給我許多重要的想法和有智慧的建議；不僅是對這本書，還對寫作和哲學。

而我一直都在感謝，且都要感謝的是Jean-Daniel Strub給我的寬容、空間，和始終如一的依靠。

注釋

序言

1 Ernst Tugendhat (1999): »Wie sollen wir Moral verstehen?«, in ders.: *Aufsätze 1992-2000*, Frankfurt a. M.: Suhrkamp, 164.

2 德國聯邦最高法院判決BGH XII ZB 607/12.

3 〈出埃及記〉第二十章二至十七節和〈申命記〉第五章六至十二節。關於尊敬父母，誡條並沒有說明我們要負什麼確切責任。主要一方面應該認為不能貶抑或是取笑父母，另一方面父母在年老時由子女供養。在舊約聖經的智慧文學裡也可以找到類似的指示（便西拉智訓第三章十二至十三節），不過神學研究也指出，聖經裡有些地方表示孩子可以為了追隨更高的目標而離開父母，首先被提到的是耶穌。可比較Harry Jungbauer (2002): *Ehre Vater und Mutter. Der Weg des Elterngebots in der biblischen Tradition*, Tübingen: Mohr Siebeck. 可蘭經也教導尊敬父母，見〈蘇拉〉第十七章二十三至二十四節。

4 例如Tina Solimann (2015): *Funkstille. Wenn Menschen den Kontakt abbrechen*, Stuttgart: Klett-Cotta.

5 Franz Kafka (1991): *Brief an den Vater*, Frankfurt a. M.: Fischer, 8.

6 Das Wort »Familienbande« hat einen Beigeschmack von Wahrheit（「家庭羈絆」這個詞有一股事實的異味）, in: Karl Kraus, *Sprüche und Widersprüche*, 1909.

7 Hannah Arendt (2007): *Vita activa oder Vom tätigen Leben*, München: Piper.

8 Bertrand Russell (1967): *Probleme der Philosophie*, Frankfurt a. M.: Suhrkamp, 138.

9「我也相信，對於我們的疏離，你完全沒有錯。但我也同樣沒有錯。我是否能引導你，讓你承認這個事實。重新開始新生活不可能，我們兩個都太老了，但至少有一種形式的和平⋯⋯」

債務

1 Dieter Thomä (2002): *Eltern. Kleine Philosophie einer riskanten Lebensform*, München: C.H.Beck, 83.

2 Aristoteles: *Nikomachische Ethik*, IX, 1163b-1165a.

3 Thomas von Aquin: *Summa Theologica*, 34, 2a2ae.

4 比較Jane English (1979): »What Do Grown Children Owe Their Parents«, in: Onora O'Neill und William Ruddick (Hrsg.): *Having Children: Philosophical and Legal Reflections on Parenthood*, New York: Oxford University Press, 351–356, 354.

5 Jan Narveson (1987): »On Honouring Our Parents«, *Southern Journal of Philosophy*, 25 (1), 65-78, 73.

6 Peter Weiss (1961): *Abschied von den Eltern*, Frankfurt a. M.: Suhrkamp, 95 f.

7 可參考Philippe Ariès的著作，著有童年史（1960），致力推動童年研究。

8 也可比較Heribert Prantl (2017): *Kindheit. Erste*

Heimat, München: Ullstein, 27-35.

9 關於孩子帶來的快樂與生命意義請參考Bertrand Russell (1982) in *Eroberung des Glücks* (Frankfurt a. M.: Suhrkamp, 135). 關於父母給孩子的贈與，詳細討論請見以下出處第五章Dieter Thomä (2002) *Eltern. Kleine Philosophie einer riskanten Lebensform*, München: C.H.Beck.

10 Maria Montessori (1987): *Kinder sind anders*, München: dtv, 21.

11 請參考Norman Daniels, bspw. (1988): *Am I My Parents' Keeper?*, Oxford: Oxford University Press.

12 德國聯邦最高法院判決BGH XII ZB 607/12.

感恩的心

1 例如可參考http://www.huffingtonpost.de/2016/01/14/studie-wie-dankbarkeit-das-gehirn-veraendert_n_8960762.html（取用時間26.10.2017）

2 https://www.youtube.com/watch?v=BYvUm1YJBSs

（取用時間11.10.2017）

3 所有的世界宗教都有對神表達感謝的義務。馬丁路德甚至把對神的感激視為基督教的基本態度。因為大多數的基督徒相信，自己是由人格化的神所創造，所以教徒也被鼓勵去讚揚造物者和感激祂，並寫在許多宗教的感恩曲中。

4 關於命題式與介詞性感恩的區別，請參考Sean McAleer (2012): »Propositional Gratitude«, *American Philosophical Quarterly* 49 (1), 55-66.

5 Immanuel Kant (1990): *Eine Vorlesung über Ethik*, Frankfurt a. M. Fischer. 也可比較Thomas von Aquin, *Summa Theologica*, II-II, 104, 1.

6 例子見於Richard David Precht (2011): *Warum gibt es alles und nicht nichts?*, München: Goldmann, 144 ff.

7 Arthur Schopenhauer (1977): *Parerga und Paralipomena II*, Erster Teilband, Zürich: Diogenes, Kap. 12.

8 Franz Kafka (1991): *Brief an den Vater*, Frankfurt a.

M.: Fischer, 42.

9 Amy Chua (2011): *Die Mutter des Erfolgs. Wie ich meinen Kindern das Siegen beibrachte*, Zürich: Nagel & Kimche.

10 其中區分請見Aristoteles, *Nikomachische Ethik*, II, 1106a-1107a.

11 譬如比較Jeffrey Blustein (1982): *Parents and Children: The Ethics of the Family*, Oxford: Oxford University Press; Mark Wicclair (1990): »Caring for Frail Elderly Parents: Past Parental Sacrifices and the Obligations of Adult Children«, *Social Theory and Practice* 16 (2), 163-189.

12 社會概念的討論請見Christopher Heath Wellman (1999): »Gratitude as a Virtue«, *Pacific Philosophical Quarterly*, 80, 284-300; Julia Driver (1992): »The Suberogatory«, *Australasian Journal of Philosophy*, 70 (3), 286-295.

13 Jeffrey Blustein (1982): *Parents and Children: The Ethics of the Family,* Oxford: Oxford University

Press; Fred Berger (1989): »Gratitude«, in: Christina Hoff Sommers / Fred Sommers (Hrsg.): *Vice and Virtue in Everyday Life. Introductory Readings in Ethics*, San Diego: Harcourt Brace Jovanovich, 193-208.

14 這當然還是有爭議。極端自由主義的哲學家如揚·納維森（Jan Narveson）懷疑幫助是否可以成為義務。但是大多數的哲學家都承認幫助義務的適用。可比較我的解釋：*Pflichten auf Distanz. Weltarmut und individuelle Verantwortung*, Berlin / New York: De Gruyter 2010, Kap. 5.

15 Simon Keller (2015): Vier Theorien filialer Pflichten?, in: Monika Betzler / Barbara Bleisch (Hrsg.): *Familiäre Pflichten*, Frankfurt a. M.: Suhrkamp, 231-259, 239.

16 引述自 Dieter Thomä (2002): *Eltern. Kleine Philosophie einer riskanten Lebensform*, München: C.H.Beck, 13.

17 請比較 Jeffrey Blustein (1982): *Parents and Children: The Ethics of the Family*, Oxford: Oxford

University Press, 182.

18 比較A. John Simmons (1979): *Moral Principles and Political Obligations*, Princeton: Princeton University Press.

19 Christina Hoff Sommers (1986): »Filial Morality«, *The Journal of Philosophy,* 83 (8), 439-456, 449.

友誼

1 Diane Jeske (2001): »Friendship and Reasons of Intimacy«, *Philosophy and Phenomenological Research*, 63, 329-346; Samuel Scheffler (2001): *Boundaries and Allegiances. Problems of Justice and Responsibility in Liberal Thought*, Oxford: Oxford University Press; Jay Wallace (2012): »Duties of Love«, *Proceedings of the Aristotelian Society*, Supplementary Volume (LXXXVI), 175-198.

2 Kurt Tucholsky (2006): *Schlos Gripsholm*, Stuttgart: Reclam, 71.

3 Jane English (1979): »What do Grown Children Owe Their Parents«, in: Onora O'Neill und William Ruddick (Hrsg.): *Having Children: Philosophical and Legal Reflections on Parenthood*, New York: Oxford University Press, 351-356.

4 例如Samuel Scheffler (2001): *Boundaries and Allegiances, Problems of Justice and Responsibility in Liberal Thought*, Oxford: Oxford University Press, 97-110。有些哲學家在這裡不喜歡說義務，而是理由。道德理由與義務之間的差別和交互作用在哲學上是有爭論的，但對本書命題不具關鍵。

5 Harry G. Frankfurt (2005): *Gründe der Liebe*, Frankfurt a. M.: Suhrkamp.

6 Aristoteles: *Nikomachische Ethik*, VIII, 1158b, 1161b-1162a.

7 Immanuel Kant (1968): *Metaphysik der Sitten*, in: ders.: Werke in zehn Bänden, hsrg. von Wilhelm Weischedel, Band 7, Darmstadt: WBG, 394.

8 Susann Sitzler (2014): *Geschwister. Die längste*

Beziehung des Lebens, Stuttgart: Klett-Cotta, 14.

9 Jan Narveson (1991): »Collective Rights?«, *Canadian Journal of Law and Jurisprudence* 4 (2), 329-345.

10 Samuel Scheffler (2001): *Boundaries and Allegiances. Problems of Justice and Responsibility in Liberal Thought*, Oxford: Oxford University Press, Kapitel 3.

11 John Locke (1977): *Zwei Abhandlungen über die Regierung*, Frankfurt a. M.: Suhrkamp.

12 Harry G. Frankfurt (2005): *Gründe der Liebe*, Frankfurt a. M.: Suhrkamp.

13 Wolfgang Herrndorf (2013): *Arbeit und Struktur*, Berlin: Rowohlt, 433.

14 Michel de Montaigne (2008): *Von der Freundschaft und andere Essais*, Frankfurt a. M.: Fischer.

親屬

1 Cicero (2014): *Laelius über die Freundschaft (Laelius de amicitia)*, Kap. 19, aus dem Lateinischen übersetzt und herausgegeben von Marion Giebel, Stuttgart: Reclam, 15.

2 關於血親請參考Christopher H. Johnson et al. (2013) (Hrsg.): *Blood and Kinship. Matter for Metaphor from Ancient Rome to the Present*, New York/Oxford: Berghahn Books.

3 這個家庭形象也記載在德意志聯邦共和國的基本法（第六條）中。可參考Andreas Bernard (2014): *Kinder machen. Neue Reproduktionstechnologien und die Ordnung der Familie*, Frankfurt a. M.: Fischer.

4 David Velleman (2005): »Family History«, *Philosophical Papers* 34 (3), 357-378.

5 德國聯邦憲法法院一九八九年決定認識自己的血統淵源屬於人格權的一部分。

6 David Archard (1995): »What's Blood Got To Do

With It? The Significance Of Natural Parenthood«, *Res Publica* 1 (1), 91-106, Abschnitt VI.

7 Sally Haslanger (2009): »Family, Ancestry and Self: What is the Moral Significance of Biological Ties?«, *Adoption & Culture* 2, 91–122, 103.

8 Immanuel Kant (1968): »Beantwortung der Frage: Was ist Aufklärung?«, in: ders.: *Werke in zehn Bänden*, hsrg. von Wilhelm Weischedel, Band 9, Darmstadt: WBG, 53-61.

9 Pierre Bourdieu (1982): *Die feinen Unterschiede. Kritik der gesellschaftlichen Urteilskraft*, Frankfurt a. M.: Suhrkamp, 171-210.

10 此書有談到創傷轉移的現象：Sandra Konrad (2013): *Das bleibt in der Familie. Von Liebe, Loyalität und uralten Lasten*, München: Piper.

11 Peter Weiss (1961): *Abschied von den Eltern*, Frankfurt a. M.: Suhrkamp, 7.

12 Sacha Batthyany (2016): *Und was hat das mit mir zu tun?*, Köln: Kiepenheuer & Witsch.

13 http://www.nzz.ch/feuilleton/buecher/die-verbrechen-der-verwandten-118 717 768（取用時間 29.8.2017）

14 Sabine Bode (2013): *Die vergessene Generation. Die Kriegskinder brechen ihr Schweigen*, Stuttgart: Klett-Cotta, 286.

15 Thomas Hobbes (1967): *Vom Bürger*, Neuwied / Berlin: Luchterhand, 16.

16 請比較Catriona Mackenzie / Natalie Stoljar (2000) (Hrsg.): *Relational Autonomy. Feminist Perspectives on Autonomy, Agency, and the Social Self*, Oxford: Oxford University Press.

17 Charles Taylor (1985): »Atomism. Philosophy and the Human Sciences«, *Philosophical Papers* 2, 187-210.

18 Michael Sandel (1996): *Liberalism and the Limits of Justice*, Cambridge: Cambridge University Press, 50 ff.

19 Iris Murdoch (1980) *Nuns and Soldiers*, übersetzt

von Beate Rössler in ihrem Buch *Autonomie. Ein Versuch über das gelungene Leben*, Frankfurt a. M.: Suhrkamp 2017, 16.

20 相關討論請見Beate Rössler (2017): *Autonomie. Ein Versuch über das gelungene Leben*, Frankfurt a. M.: Suhrkamp.

21 David Foster Wallace (2012): *Das hier ist Wasser*, Köln: Kiepenheuer & Witsch.

22 Vgl. dazu die Einleitung von Monika Betzler und Barbara Bleisch in dies. (2015) (Hrsg.): *Familiäre Pflichten*, Frankfurt a. M.: Suhrkamp.

23 Dankesrede Barack Obama, https: //www.youtube. com / watch?v=yxKWEuQC84c (letzter Zugriff: 5.7.17)

24 Hannah Arendt (2007): *Vita activa oder Vom tätigen Leben*, München: Piper.

25 Tina Solimann (2015): *Funkstille. Wenn Menschen den Kontakt abbrechen*, Stuttgart: Klett-Cotta.

脆弱點

1 Connie Palmen (2016): *Du sagst es*, Zürich: Diogenes, 158.

2 Annette Baier (1989): »Trusting Ex-Intimates«, in: George Graham und Hugh LaFollette (Hrsg.): *Person to Person*, Philadelphia: Temple University Press, 269-281, 271.

3 Navid Kermani (2016): *Sozusagen Paris*, München: Hanser, 66.

4 http://verlassene-eltern.de/VerlasseneEltern（取用時間17.12.2015）

5 Alasdair MacIntyre (1999): *Dependent Rational Animals. Why Human Beings Need The Virtues*, Chicago: Open Court; Judith Butler (2004): *Precarious Life. The Powers Of Mourning And Violence*, London: Verso.

6 Aristoteles: *Nikomachische Ethik*, IX, 1169b.

7 父母是否有義務愛他們的孩子，或者能不能提供愛，這個主題一直內含著不能控制的情感因素，因此是個較大的哲學辯論題。請參考Matthew Liao (2006): »The Right of Children to Be Loved«, *The Journal of Political Philosophy* 14 (4), 420-440.

8 Ursula von Arx (2013): *Liebe, lebenslänglich. Wie Eltern ihre Töchter oder Söhne sehen – und umgekehrt*, Zürich: Kein & Aber.

9 Alasdair MacIntyre (1987): *Der Verlust der Tugend. Zur moralischen Krise der Gegenwart*, Frankfurt a. M.: Campus, 54.

10 Hermann Hesse (1974): *Demian*, Frankfurt a. M: Suhrkamp, 160.

11 請比較Michael Bordt (2017): *Die Kunst, die Eltern zu enttäuschen. Vom Mut zum selbstbestimmten Leben*, München: Elisabeth Sandmann.

12 Connie Palmen (2016): *Du sagst es*, Zürich: Diogenes, 158.

13 關於真實自我的理想請見Charles Guignon (2004): *On Being Authentic*, London / New York: Routledge.

14 Immanuel Kant (1968): *Metaphysik der Sitten*, in:

ders.: *Werke in zehn Bänden*, hsrg. von Wilhelm Weischedel, Band 7, Darmstadt: WBG, 394.

15 請比較Tina Solimann: *Funkstille* (2001) und *Der Sturm vor der Stille* (2014), Klett-Cotta, Stuttgart.

16 Elizabeth Brake (2011): *Minimizing Marriage*, Oxford: Oxford University Press.

17 受父母虐待的孩子是否能與父母解除關係？相關討論請見Laura M. Purdy »Grenzen der moralischen Autorität und Verpflichtung. Dürfen sich Kinder von ihren Eltern scheiden lassen? «, in: Monika Betzler und Barbara Bleisch (2015) (Hrsg.): *Familiäre Pflichten*, Frankfurt a. M.: Suhrkamp, 308-340.

18 Susan Moller Okin (1989): *Justice, Gender, and the Family*, New York: Basic Books.

19 Annette Baier (1989): »Trusting Ex-Intimates«, in: George Graham und Hugh LaFollette (Hrsg.): *Person to Person*, Philadelphia: Temple University Press, 269-281, 271.

20 同上

21 Michael Collingridge / Seumas Miller (1997): »Filial Responsibilities and the Care of the Aged«, *Journal of Applied Philosophy*, 14 (2), 119-128, 123.

22 Simon Keller (2015): »Vier Theorien filialer Pflichten«, in: Monika Betzler und Barbara Bleisch (Hrsg.): *Familiäre Pflichten*, Frankfurt a. M.: Suhrkamp, 231-259.

23 Michael Stocker (1976): »The Schizophrenia of Modern Ethical Theories«, *The Journal of Philosophy* 73, 453-466.

24 Albert Camus (1997): *Tagebücher 1935-1951*, Reinbek: Rowohlt, 33.

25 Katja Thimm (2011): »Vaters Zeit«, *Der Spiegel* 15, 132-140; *Vatertage. Eine deutsche Geschichte*, Frankfurt am Main: S. Fischer.

好孩子

1 https://www.youtube.com/watch?v=V6–0kYhqoRo（取用時間：22.08.2017）

2 Peter Weiss (1961): *Abschied von den Eltern*, Frankfurt a. M.: Suhrkamp, 7.

3 Jean-Paul Sartre (1989): *Ist der Existentialismus ein Humanismus?*, Frankfurt a. M.: Ullstein.

4 Byung-Chul Han (2010): *Müdigkeitsgesellschaft*, Berlin: Matthes und Seitz; Alain Ehrenberg (2008): *Das erschöpfte Selbst. Depression und Gesellschaft in der Gegenwart*, Frankfurt a. M.: Suhrkamp.

5 Claudia Mills (2015): »Pflichten gegenüber älter werdenden Eltern«, in: Monika Betzler und Barbara Bleisch (Hrsg.): *Familiäre Pflichten*, Frankfurt a. M.: Suhrkamp, 260-281.

6 Eva Illouz (2011): *Warum Liebe weh tut*, Frankfurt a. M.: Suhrkamp.

7 Gilbert Keith Chesterton (1998): *Eine Verteidigung der Orthodoxie gegen ihre Verächter*, Frankfurt a.

M.: Eichborn, 178.

8 Immanuel Kant, *Metaphysik der Sitten*, Akademie Textausgabe Bd. VI, Berlin/New York: De Gruyter, 393.

9 Max Frisch (1969): *Biografie. Ein Spiel*, Frankfurt a. M.: Suhrkamp.

10 Axel Hacke (2017): *Über den Anstand in schwierigen Zeiten und die Frage, wie wir miteinander umgehen*, München: Kunstmann.

11 Arthur Schopenhauer (1977): *Parerga und Paralipomena II*, Zweiter Teilband, § 396, Zürich: Diogenes, 708 f.

國家圖書館出版品預行編目資料

為什麼我們不欠父母？！不談義務，不是責任，我們依然可以選擇好好愛父母 / 芭芭拉．布萊許(Barbara Bleisch)著；彭意梅譯. -- 初版. -- 臺北市：商周出版：家庭傳媒城邦分公司發行, 2018.11
面； 公分. -- (生活視野；25)
譯自：Warum wir unseren Eltern nichts Schulden

ISBN 978-986-477-571-2（平裝）

1.家庭關係 2.親子關係 3.家庭倫理

544.1 107019471

為什麼我們不欠父母？！——不談義務，不是責任，我們依然可以選擇好好愛父母

Warum wir unseren Eltern nichts Schulden

作　　者／芭芭拉．布萊許（Barbara Bleisch）
譯　　者／彭意梅
企劃選書／余筱嵐
責任編輯／余筱嵐

版　　權／林心紅
行銷業務／王瑜、林秀津
副總編輯／程鳳儀
總 經 理／彭之琬
發 行 人／何飛鵬
法律顧問／元禾法律事務所 王子文律師
出　　版／商周出版
台北市 104 民生東路二段 141 號 9 樓
電話：(02) 25007008 傳眞：(02)25007759
E-mail：bwp.service@cite.com.tw
Blog：http://bwp25007008.pixnet.net/blog
發　　行／英屬蓋曼群島商家庭傳媒股份有限公司城邦分公司
台北市中山區民生東路二段 141 號 2 樓
書虫客服服務專線：(02)25007718；(02)25007719
服務時間：週一至週五上午 09:30-12:00；下午 13:30-17:00
24 小時傳眞專線：(02)25001990；(02)25001991
劃撥帳號：19863813；戶名：書虫股份有限公司
讀者服務信箱：service@readingclub.com.tw
城邦讀書花園：www.cite.com.tw
香港發行所／城邦（香港）出版集團有限公司
香港灣仔駱克道 193 號東超商業中心 1 樓
E-mail：hkcite@biznetvigator.com
電話：(852) 25086231 傳眞：(852) 25789337
馬新發行所／城邦（馬新）出版集團【Cite (M) Sdn. Bhd.】
41, Jalan Radin Anum, Bandar Baru Sri Petaling,
57000 Kuala Lumpur, Malaysia.
Tel: (603) 90578822 Fax: (603) 90576622
Email: cite@cite.com.my

封面設計／李東記
排　　版／極翔企業有限公司
印　　刷／韋懋實業有限公司
經 銷 商／聯合發行股份有限公司
電話：(02) 2917-8022 Fax: (02) 2911-0053
地址：新北市 231 新店區寶橋路 235 巷 6 弄 6 號 2 樓

■ 2018 年 11 月 15 日初版
■ 2023 年 4 月 12 日初版 2.4 版
定價 320 元

Printed in Taiwan

商周出版

廣　告　回　函
北區郵政管理登記證
北臺字第000791號
郵資已付，免貼郵票

104　台北市民生東路二段141號2樓

英屬蓋曼群島商家庭傳媒股份有限公司城邦分公司　收

請沿虛線對摺，謝謝！

商周出版

書號：BH2025　　書名：為什麼我們不欠父母？！　編碼：

請於此處用膠水黏貼

商周出版

讀者回函卡

感謝您購買我們出版的書籍！請費心填寫此回函卡，我們將不定期寄上城邦集團最新的出版訊息。

不定期好禮相贈！
立即加入：商周出版
Facebook 粉絲團

姓名：＿＿＿＿＿＿＿＿＿＿＿＿＿＿＿＿ 性別：□男 □女

生日：西元＿＿＿＿＿＿年＿＿＿＿＿＿月＿＿＿＿＿＿日

地址：＿＿＿＿＿＿＿＿＿＿＿＿＿＿＿＿＿＿＿＿＿＿＿＿

聯絡電話：＿＿＿＿＿＿＿＿＿＿ 傳真：＿＿＿＿＿＿＿＿＿＿

E-mail ：

學歷：□ 1. 小學 □ 2. 國中 □ 3. 高中 □ 4. 大學 □ 5. 研究所以上

職業：□ 1. 學生 □ 2. 軍公教 □ 3. 服務 □ 4. 金融 □ 5. 製造 □ 6. 資訊

□ 7. 傳播 □ 8. 自由業 □ 9. 農漁牧 □ 10. 家管 □ 11. 退休

□ 12. 其他＿＿＿＿＿＿＿＿＿＿＿＿＿＿＿＿＿＿＿＿

您從何種方式得知本書消息？

□ 1. 書店 □ 2. 網路 □ 3. 報紙 □ 4. 雜誌 □ 5. 廣播 □ 6. 電視

□ 7. 親友推薦 □ 8. 其他＿＿＿＿＿＿＿＿＿＿＿＿＿＿

您通常以何種方式購書？

□ 1. 書店 □ 2. 網路 □ 3. 傳真訂購 □ 4. 郵局劃撥 □ 5. 其他＿＿＿＿

您喜歡閱讀那些類別的書籍？

□ 1. 財經商業 □ 2. 自然科學 □ 3. 歷史 □ 4. 法律 □ 5. 文學

□ 6. 休閒旅遊 □ 7. 小說 □ 8. 人物傳記 □ 9. 生活、勵志 □ 10. 其他

對我們的建議：＿＿＿＿＿＿＿＿＿＿＿＿＿＿＿＿＿＿＿＿＿＿

＿＿＿＿＿＿＿＿＿＿＿＿＿＿＿＿＿＿＿＿＿＿＿＿＿＿

＿＿＿＿＿＿＿＿＿＿＿＿＿＿＿＿＿＿＿＿＿＿＿＿＿＿

【為提供訂購、行銷、客戶管理或其他合於營業登記項目或章程所定業務之目的，城邦出版人集團（即英屬蓋曼群島商家庭傳媒（股）公司城邦分公司、城邦文化事業（股）公司），於本集團之營運期間及地區內，將以電郵、傳真、電話、簡訊、郵寄或其他公告方式利用您提供之資料（資料類別：C001、C002、C003、C011 等）。利用對象除本集團外，亦可能包括相關服務的協力機構。如您有依個資法第三條或其他需服務之處，得致電本公司客服中心電話 02-25007718 請求協助。相關資料如為非必要項目，不提供亦不影響您的權益。】

1.C001 辨識個人者：如消費者之姓名、地址、電話、電子郵件等資訊。
2.C002 辨識財務者：如信用卡或轉帳帳戶資訊。
3.C003 政府資料中之辨識者：如身分證字號或護照號碼（外國人）。
4.C011 個人描述：如性別、國籍、出生年月日。

請於此處用膠水黏貼